Petra Fiedler

Spielen mit alten Menschen

Spiele wirkungsvoll in der Altenarbeit einsetzen

VINCENTZ NETWORK

Bibliografische Information der Deutschen Nationalbibliothek

Die Deutsche Bibliothek verzeichnet diese Publikation in der Deutschen Nationalbibliografie; detaillierte bibliografische Daten sind im Internet über http://dnb.d-nb.de abrufbar.

Besuchen Sie uns im Internet: www.altenpflege-online.net

Druck: BWH GmbH, Hannover

Foto Titelseite: Kaesler Media, fotolia
Illustrationen: pakkad, blankstock, fotolia
ISBN 978-3-86630-504-5

Petra Fiedler

Spielen mit alten Menschen

Spiele wirkungsvoll in der Altenarbeit einsetzen

Inhalt

Inhalt

Jetzt Code scannen und mehr bekommen …

http://www.altenpflege-online.net/bonus

Ihr exklusiver Bonus an Informationen!

Ergänzend zu diesem Buch bietet Ihnen *Altenpflege* Bonus-Material zum Download an. Scannen Sie den QR-Code oder geben Sie den Buch-Code unter www.altenpflege-online.net/bonus ein und erhalten Sie Zugang zu Ihren persönlichen kostenfreien Materialien!

Buch-Code: AH5654T

Artikel 6 der Pflegecharta:

Jeder hilfe- und pflegebedürftige Mensch hat das Recht auf Wertschätzung, Austausch mit anderen Menschen und Teilhabe am gesellschaftlichen Leben.

Spielen ist eines der wirksamsten Mittel, dieses Recht zu verwirklichen!

Vorwort: Warum dieses Buch?

Dem Spiel gelingt es wie keinem anderen Medium auf einfache und abwechslungsreiche Weise, ein gelingendes Miteinander zu ermöglichen. Das Erleben von Zugehörigkeit, das beim Spielen entsteht, ist gerade für ältere Menschen mit zunehmendem Hilfebedarf wichtig.

Das Aufgehoben-Sein in einer Gruppe und das Aufleben beim spielerischen Beisammensein schafft ein Gegengewicht zu manchen Belastungen und Einschränkungen des Alters.

Und trotzdem wird das Spielen mit älteren Menschen oftmals belächelt. Es haftet ihm das Image von Kinderkram und läppischem Zeitvertreib an. So gehört Spielen zu den am meisten unterschätzten Tätigkeiten. Denn Spielen hilft, den Artikel 6 der Charta der Rechte pflege- und hilfebedürftiger Menschen mit Leben zu füllen. Wie das in der Praxis am besten gelingen kann, möchte dieses Buch vermitteln.

Auf wie vielfältige und vielschichtige Weise Spielen das Wohlbefinden des älteren Menschen fördert, davon handelt der 1. Teil des Buches. Denn nur wenn wir wissen, was wir beim Spielen Positives bewirken können, werden sich die positiven Wirkungen auch tatsächlich einstellen.

Da ältere Menschen dem Medium Spiel oftmals reserviert gegenüberstehen, geht es im 2. Teil darum, die verschiedenen Spielbarrieren beim alten Menschen zu erkennen, zu verstehen und zu überwinden.

Der 3. Teil des Buches befasst sich mit den verschiedenen Handicaps älterer Menschen, die auf das Spielen Einfluss nehmen. Im 4. Teil geht es um unterschiedliche Zielgruppen, die wir über das Spiel erreichen wollen: Männer und Frauen, Menschen mit ausländischen Wurzeln und Menschen mit Behinderung.

Eine Vielzahl praktischer Tipps und Anregungen, die das Spielen mit älteren Menschen für Sie einfacher, freud- und wirkungsvoller machen, finden Sie im 5. Teil.

Für diejenigen, die sich auch theoretisch mit dem Phänomen Spiel beschäftigen wollen, geht es im 6. Teil darum, was überhaupt ein Spiel ist.

Nach der Lektüre dieses Buches wissen Sie:

- wie Spielen das Wohlbefinden des älteren Menschen fördert,
- wie Spielen die Beziehungen zwischen den älteren Menschen fördert,
- wie Spielen die Ressourcen des älteren Menschen erhält und fördert,
- wie Sie Spielbarrieren beim älteren Menschen überwinden können,
- wie Sie am leichtesten zum Spielen motivieren,
- wie Sie Ältere mit Seh- und/oder Hörbehinderungen ins Spiel einbeziehen,
- wie Sie Ältere mit leichter und schwerer Demenz ins Spiel einbeziehen,
- wie Sie Ältere mit Depressionen ins Spiel einbeziehen,
- wie Sie geeignete Spiele für Ihre jeweilige Zielgruppe finden,
- wie Sie erfolgreich mit einer gemischten Gruppe spielen.

Sie werden bei der Lektüre des Buches Lust bekommen, die Tipps und Anregungen direkt in Ihrer Praxis umzusetzen. Dabei wünsche ich Ihnen viel Freude und Erfolg!

Wie Spielen das Wohlbefinden des alten Menschen fördert

Zunächst schauen wir uns an, wie vielfältig die Möglichkeiten sind, mithilfe des Spielens das Wohlbefinden des älteren Menschen zu fördern. Wenn wir um die positiven Wirkungen des Spielens wissen, können diese Wirkungen auch tatsächlich eintreten.

Bedürfnismodell nach Tom Kitwood

Der person-zentrierte Ansatz nach *Tom Kitwood* ist in der Betreuung von Menschen mit Demenz eine breit anerkannte fachliche Grundlage. Im Zentrum des person-zentrierten Ansatzes steht das Bedürfnismodell mit den fünf psychischen Grundbedürfnissen von Menschen mit Demenz: Bindung, Trost, Identität, Beschäftigung und Einbeziehung. Es sind allgemein menschliche Bedürfnisse. Nur können Menschen mit Demenz zunehmend weniger Initiativen ergreifen, diese Bedürfnisse zu befriedigen. Deshalb brauchen sie ein einfühlsames Umfeld, das sie dabei unterstützt, diese psychischen Grundbedürfnisse zu realisieren.

Im Folgenden wird deutlich, wie das Medium Spiel die jeweiligen Bedürfnisse aufgreift.

Bindung

Menschen mit Demenz erleben einen hohen Grad existenzieller Verunsicherung, der sie Sicherheit suchen lässt im Kontakt zu anderen Menschen. In erster Linie suchen sie Nähe und Kontakt zu vertrauten Personen, also zu den Angehörigen/Freunden. Lang verstorbene Bezugspersonen wie Mutter, Vater oder Ehepartner spielen im Erleben der Betroffenen oft eine größere Rolle als noch lebende Personen. Das Bindungsbedürfnis zeigt sich aber auch gegenüber den Pflege- und Betreuungskräften. Auch zu den Mitbewohner/innen im Pflegeheim können Bindungen entstehen. So gewöhnen sich viele

Bewohner eines Pflegeheimes oder einer Wohngruppe an ihren Sitznachbarn und vermissen ihn, wenn er nicht da ist. Es besteht eine große Chance darin, das Bindungsbedürfnis auch über gelingende Kontakte und Begegnungen zwischen den Bewohner/innen zu befriedigen.

Wie Spielen das Bedürfnis nach Bindung aufgreift

Spielen regt Interaktionen zwischen den Teilnehmenden an, worüber Bindungen entstehen und gefestigt werden. So können kleine Gesten im Spiel, wie das Weiterreichen des Würfels, schon bindungsfördernd sein. Regelmäßige und verlässliche Spielangebote, die mindestens wöchentlich stattfinden, fördern das Entstehen und Vertiefen von Bindungen.

Trost

Menschen mit Demenz sind in vielfacher Weise trostbedürftig. Sie erleben viele Verluste: von Selbstständigkeit, von Fähigkeiten, vom geliebten Partner, von der gewohnten Umgebung. Auch orientierte ältere Menschen im Pflegeheim müssen mit Verlusten umgehen und sind deshalb ebenfalls trostbedürftig. Ein Umfeld, das auf die Verlusterfahrungen und Trauer verständnisvoll reagiert, wirkt tröstlich für die Betroffenen, aber auch Aktivitäten, denen es gelingt, der Trauer positive Erlebnisse gegenüberzustellen, sind tröstlich.

Wie Spielen das Bedürfnis nach Trost aufgreift

Spiele, die die Aufmerksamkeit des Betroffenen auf sich ziehen, die sein Interesse wecken, können von Trauer und Kummer zu positiven Emotionen umlenken. Für viele ist allein das geborgene Gefühl in einer Gemeinschaft zu sein schon tröstlich. Oder es tröstet, wenn ich anderen beim Spielen helfen kann (Tandemspielprinzip S. 54) und erlebe, dass ich gebraucht werde.

Identität, Selbstwertgefühl

Menschen mit Demenz verlieren nach und nach das Wissen um sich selbst und ihre Lebensgeschichte. Was sie im Laufe ihres Lebens geleistet haben, vergessen sie zunehmend. Alles, was den Betroffenen darin unterstützt, sich als Person mit einer einmaligen Lebensgeschichte wahrzunehmen, stärkt sein Identitäts- und Selbstwertgefühl. Deshalb geht es im Umgang mit den Betroffenen immer auch darum, sie als unverwechselbare Person mit einer individuellen Lebensgeschichte wahrzunehmen und wertzuschätzen und sie nicht festzulegen auf die Rolle des Demenzkranken. Doch auch orientierte Ältere haben das Bedürfnis nach Lebensrückschau und Vergewisserung als einmalige Person.

Wie Spielen das Bedürfnis nach Identität aufgreift

Beim Spielen gibt es viele Momente, in denen die Teilnehmenden erleben, was sie noch können und wissen. Spielen macht die individuellen Ressourcen sichtbar. Insbesondere Spiele, die die Kommunikation untereinander anregen und die Erinnerungen wecken, wirken identitäts- und selbstwertfördernd. Allein die Tatsache, dass jeder im Laufe einer Spielrunde immer wieder mit seinem Namen angesprochen wird, wirkt schon identitätsfördernd.

Beschäftigung, Selbstwirksamkeit

Mit Selbstwirksamkeit sind Erfahrungen gemeint, in denen die Person erlebt, dass sie ihre Umgebung beeinflussen und gestalten kann. Diese Erfahrung kann man bei allen Tätigkeiten machen, die man als sinnvoll erlebt. Doch die Freude am eigenen Tun wird Menschen mit Demenz einerseits durch zunehmende Fähigkeitseinschränkungen erschwert. Andererseits nimmt die Institution Pflegeheim den Bewohnern Aufgaben ab, die manche mit Unterstützung noch gern selbst tun würden. Ein Tagesablauf, der regelmäßige Tätigkeiten beinhaltet, schenkt Zufriedenheit und Wohlbefinden. Langeweile und Leere untergraben das Erleben eigener Fähigkeiten und führen zu ihrem vorzeitigen Abbau. Eine wichtige Aufgabe in der Betreuung ist deshalb, das Tätigkeitsbedürfnis der Betroffenen entsprechend ihrer Fähigkeiten und Neigungen aufzugreifen.

Wie Spielen das Bedürfnis nach Beschäftigung aufgreift

Spielen beinhaltet verschiedene Mitmachmöglichkeiten, die zufriedenes Tätigsein und das Erleben von Selbstwirksamkeit ermöglichen. So ist allein die Tatsache, eine bestimmte Zahl gewürfelt zu haben, schon mit dem Gefühl verbunden, eine eigene Handlung vollbracht zu haben.

Einbeziehung

Es ist ein urmenschliches Bedürfnis, zu einer Gruppe zu gehören. Die Gruppe bietet Schutz und Sicherheit. Gerade Menschen mit Demenz suchen die physische Nähe zu anderen Menschen. Sie sitzen gern da, wo auch andere sitzen und etwas los ist. Angst und Stress, nehmen durch das Einbezogensein in eine Gruppe deutlich ab. Das Bedürfnis nach Einbeziehung lässt sich jedoch nicht allein dadurch befriedigen, dass man in einem Gemeinschaftsraum mehr oder weniger „abgestellt" wird. Das Erleben von Einbeziehung setzt eine Gemeinschaftssituation voraus, bei der etwas miteinander getan wird. Dieses Miteinandertun muss in der Regel angeregt und angeleitet werden.

Bezug zum Spielen

Spielen schafft einen Rahmen, in dem sich jeder einbezogen fühlen kann. Jeder bringt sich mit seinen jeweiligen Fähigkeiten und Bedürfnissen ins Spiel ein. Für die einen ist das aktive Mittun beim Spielen wichtig für das Erleben von Einbeziehung, für andere reicht hierfür auch schon das passive Dabeisein.

Faktoren für Wohlbefinden

Nachfolgend werden weitere Faktoren für das Wohlbefinden älterer Menschen in den Blick genommen, die auf die Erfahrungen langjähriger Praxis in der sozialen Betreuung beruhen. Anhand von Praxisbeispielen wird die Wirkungsweise des Spielens deutlich.

Gemeinschaftserlebnis

Eines der größten seelischen Probleme älterer Menschen ist Einsamkeit. Die Ursache hierfür ist der Verlust geliebter Menschen, aber auch altersbedingte Einschränkungen der Mobilität, des Sehens und Hörens, die oftmals mit Rückzugsverhalten einhergehen. Ebenso bewirken demenzielle Erkrankungen einen Rückzug aus sozialen Kontakten. Die damit einhergehende Vereinsamung wirkt sich ungünstig auf die seelische, kognitive und physische Situation des alten Menschen aus.

Spielen ist der Motor für ein gelingendes Miteinander

Hier kann Spielen eine Form niedrigschwelliger Gemeinschaftserfahrung sein und ein Stück aus der Einsamkeit heraushelfen. Gerade weil bei vielen Spielen nicht geredet werden muss, können auch ruhige, schüchterne und zurückhaltende Menschen beim Spielen gut einbezogen werden. Oder denken wir an die zunehmende Zahl älterer Menschen, deren Muttersprache nicht deutsch ist und die deshalb verstärkt auf nonverbale Formen des Miteinanders angewiesen sind.

Frage: Wie können wir ältere Menschen, die sich überwiegend zurückziehen und in ihrer Einsamkeit unglücklich wirken, über das Spielen in eine Gemeinschaft einbeziehen?

Antwort: Indem wir sie dazu einladen, einfach nur zuschauend beim Spielen dabei zu sein. Dies nimmt mögliche Versagensängste und Bedenken, sich zu blamieren.

Beispiel:

Herr Bäcker, der erst seit kurzem im Seniorenzentrum wohnt und sich oft in sein Zimmer zurückzieht, lässt sich eines Tages doch von der Betreuungskraft motivieren „Herr Bäcker, ich würde mich so freuen, wenn sie bei unserer gemütlichen Runde einfach nur dabei wären." Daraufhin setzt er sich zu den anderen an den Spieltisch. Als es darum geht, eine Redensart zu ergänzen, erzählt er, was er zur Bedeutung der Redensart weiß. Daraus entsteht ein lebhaftes Gespräch zwischen Herrn Bäcker und zwei anderen Frauen. Als die Betreuungskraft Herrn Bäcker wieder zu seinem Zimmer bringt, sagt er: „Ach, das war doch schön, mal wieder unter Leuten zu sein."

Spiele sind wie kaum etwas anderes dazu geeignet, Kommunikationsprobleme zu überwinden.

Kommunikation

Im Alter wird es immer schwieriger neue Kontakte zu knüpfen. Es mangelt oft an Gesprächsstoff und Antrieb auf fremde Menschen zuzugehen. Zudem sind Alterserkrankungen wie Demenz und Schlaganfall in der Regel mit massiven Einschränkungen der verbalen Kommunikationsfähigkeit verbunden. All das erschwert die Kontaktaufnahme zu anderen Menschen.

Spielen schafft einen Begegnungsraum, der nicht primär das Miteinandersprechen voraussetzt.

Beim Kegeln, Würfeln, Spielfigur weiterziehen, Ballspiel etc. findet Begegnung und Kommunikation auch ohne Worte statt: über Blickkontakt, gemeinsames Lachen, Weiterreichen des Würfels, Zuwerfen des Balles etc.

Spielen kann aber auch verbale Kommunikation erleichtern. Es gibt ein buntes Spektrum an Kommunikations- und Quizspielen, die vielfältige Gesprächsanregungen liefern, durch die zuvor stille Teilnehmer plötzlich doch anfangen zu erzählen.

Beispiel

Frau Maler ist erst ein paar Tage im Johannesheim. Die Betreuungskraft will sie zum „Plauderstündchen" einladen, bei dem ein Kommunikationsspiel zum Einsatz kommt. Sie wehrt ab: „Ich kenne dort doch niemanden, was soll ich da?" Nachdem die Betreuungskraft sie täglich besucht und sich nur ein paar Minuten mit ihr unterhält, kennt Frau Maler die Betreuungskraft schon etwas besser. Nach einer Woche versucht es die Betreuungskraft noch mal. „Möchten Sie sich beim Plauderstündchen neben mich setzen, dann haben Sie schon mal ein vertrautes Gesicht an Ihrer Seite." Frau Maler kommt diesmal mit.

Bei der Frage „Wie sah Ihr Schulweg damals aus?" Erinnert sich Frau Maler an den langen Weg an Feldern entlang, den sie als Kind mit Nachbarskindern gegangen ist. Frau Schröder fallen auch Erlebnisse zum Thema ein und plötzlich befinden sich beide mitten in einem angeregten Gespräch und die anfängliche Fremdheit von Frau Maler ist ein kleines bisschen gewichen.

Eine Freude vertreibt hundert Sorgen.

Freude

Freude ist ein „gutes Gefühl". Sie kann viele Gesichter haben. Sie kann sich eindeutig in einem Lächeln oder Lachen zeigen. Sie kann aber auch äußerlich unbemerkt bleiben, allenfalls ahnbar in der konzentrierten Anwesenheit der Person. Hierzu passt der Begriff des „Flow": in einer Aktivität ganz aufzugehen. Dies ist ein angeregter, angenehmer Gefühlszustand, der sich nicht zwingend in einem Lächeln zeigen muss. Der eine erlebt Freude durch das gesellige Miteinander beim Spielen, der andere dadurch, dass er erlebt, was er noch kann und weiß. Außerdem machen die Zufallsglücksmomente beim Spielen Freude: eine 6 würfeln, „Bingo" haben, eine gute Spielkarte ziehen etc. Zum freudigen Spielerleben ist nicht zwingend das Gewinnen nötig. Eher kann es die Spielfreude dämpfen, weil einem Gewinner mehrere Verlierer gegenüberstehen (siehe auch S. 27 Wettbewerb). In jedem Fall ist Freude ein zentrales Spielmotiv, man macht etwas aus „Spaß an der Freud".

FRAGE: Wie gelingt es uns, dass jeder Teilnehmende wenigstens einen freudigen Moment beim Spielen erlebt?

ANTWORT: Indem für jeden Teilnehmenden etwas dabei ist, das ihm Freude bereitet: das Würfeln, Karte ziehen, singen, Ball fangen, Kugel werfen, Rätsel lösen etc. Eine gute Mischung unterschiedlicher Aktionsmöglichkeiten beim Spiel erreicht dieses Ziel: „ein freudiger Moment für jeden" am besten.

Beispiel

Herr Werner wirkt häufig niedergeschlagen. Beim Boccia-Spiel freut er sich, dass seine Kugel in der Mitte landet. Er strahlt übers ganze Gesicht. Die anderen freuen sich mit ihm, was seine Freude noch mal verstärkt

Spiele sind Türöffner für Stärken.

Erfolgserlebnisse

Spielen macht die Ressourcen des älteren Menschen sichtbar. Weil Spielen ganz unterschiedliche Situationen herstellt, in denen die Mitspieler ihre motorischen, sensorischen, sozialen, kommunikativen, kognitiven Kompetenzen zeigen können, die ansonsten im Alltag oft verborgen bleiben. So wie beim Kegeln die motorischen Fähigkeiten erfahrbar werden, sind es beim Ratespiel die kognitiven Fähigkeiten, die wir insbesondere den Demenzerkrankten oft gar nicht mehr zutrauen. So gibt es beim Spielen viele erfreuliche Entdeckungen noch verbliebener Fähigkeiten. Diese Erfolgserlebnisse stärken das Selbstwertgefühl des älteren Menschen. Und wir freuen uns ebenso, dass wir über ein Spiel verborgene Fähigkeiten hervorlocken konnten.

FRAGE: Wie gelingt es uns, dass jeder Mitspieler wenigstens ein Erfolgserlebnis beim Spiel hat?

ANTWORT: Indem wir versuchen, jedem seine jeweiligen Stärken mitzuteilen, z. B. so:

Zu Frau Kramer, die im Rollstuhl sitzt und beim Kegeln eine Kegelschiene benötigt: „Mensch, Frau Kramer, da haben Sie der Kugel einen ordentlich Schubs gegeben" auch, wenn vielleicht nur drei Kegel umgefallen sind. Aber, dass sie trotz ihrer Behinderung mitmacht und sich Mühe gibt, ist schon ein großer Erfolg.

Zu Herrn Möller, der ansonsten sehr still ist und eine mittelschwere Demenz hat, der beim Suchen nach Städten mit M „Pfannkuchen" sagt:

„Ach Pfannkuchen, die schmecken ja auch so gut, die würde ich gern mal wieder essen."

Das Aufgreifen von Wörtern oder Gesprächsbeiträgen, auch wenn sie unpassend sind, wird vom Betroffenen als Erfolgserlebnis und Bestätigung erlebt. Zudem sind manch skurrile Bemerkungen immer eine Gelegenheit für gemeinsame Heiterkeit, ohne sich über den Betroffenen lustig zu machen.

Beispiel

Frau Schulte klagt oft darüber, dass sie nichts mehr kann und weiß. Sie wirkt darüber deprimiert. Bei einer Spielrunde geht es darum, die Zutaten für einen Frankfurter Kranz zu nennen. Frau Schulte fallen die Zutaten ein und sie erzählt, wie sich ihre Familie bei Feiern immer besonders auf ihren Frankfurter Kranz gefreut hat. Sie wirkt plötzlich fröhlich und ein bisschen stolz.

Hier gehöre ich dazu!

Geborgenheit

Spielen kann das Gefühl von Geborgenheit und Zugehörigkeit vermitteln. Insbesondere Menschen mit Demenz erleben das Alleinsein oft als bedrohlich und beängstigend. Allein fühlen sie sich hilf- und schutzlos. Gruppensituationen, wie sie beim Spielen entstehen, wirken dagegen auf die Betroffenen stabilisierend und beruhigend. Der Rahmen der Gruppe gibt Sicherheit und Geborgenheit.

FRAGE: Was können wir dafür tun, dass sich jeder wohl und geborgen in der Spielgruppe fühlt, vor allem Menschen mit Demenz, für die dies oft das Wichtigste beim Spielen ist?

ANTWORT: Die Atmosphäre beim Spielen ist für das Erleben von Geborgenheit zentral. Indem wir uns gegenüber allen Teilnehmenden zugewandt und wertschätzend verhalten, gelingt uns diese Atmosphäre am besten. Wir sollten hinnehmen, wenn Menschen mit Demenz überwiegend passiv dabei sind. Auch schläfriges Dabeisein sollten wir tolerieren. Aber auch der äußere Rahmen kann das Geborgenheitsgefühl unterstützen: alle sitzen um einen Tisch, haben ein Getränk vor sich stehen, alle können sich anschauen. Auch kleine Augenweiden, wie Blumen auf dem Tisch, schaffen eine schöne Atmosphäre.

Beispiel:

Frau Fischer mit fortgeschrittener Demenz, die sonst ruhelos und ängstlich umherwandert, sitzt in der Spielgruppe dabei und wirkt entspannt. Überwiegend sind ihre Augen geschlossenen, aber immer, wenn sie mit dem Würfeln dran ist, gehen die Augen auf und sie wirkt interessiert.

Ablenkung

Nicht wenige ältere, hilfebedürftige Menschen empfinden kaum noch Lebensfreude, Wohlgefühl und Lebenswillen. Zu erleben, was alles nicht mehr geht, auf fremde Hilfe angewiesen zu sein, der Verlust der gewohnten Umgebung und geliebter Menschen - all das sind Gründe genug, dass der ältere Mensch depressiv werden kann. Es gilt also ein Gegengewicht gegenüber dem negativ Erlebten zu schaffen. Das kann beim Spielen gelingen, wenn es die Aufmerksamkeit auf andere Reize und Eindrücke lenkt. Einem Spiel, das als langweilig, reizlos oder zu schwierig erlebt wird, gelingt diese ablenkende Wirkung natürlich nicht.

Da kommt man mal auf andere Gedanken.

FRAGE: Wie gelingt es uns, Mitspielende, die gerade Kummer haben, durch das Spiel auf andere Gedanken und Gefühle zu bringen?

ANTWORT: Zum einen, indem wir herausfinden, welche Art von Spielen für den jeweiligen Menschen interessant ist: eher ein Bewegungsspiel wie Kegeln oder Boccia, ein Glücksspiel wie Bingo, ein Brettspiel wie Mensch ärgere dich nicht oder ein Kommunikationsspiel wie Vertellekes?

- Zum anderen, dadurch, dass das Spiel selbst möglichst abwechslungsreich ist, eine gute Mischung unterschiedlicher Aktionsmöglichkeiten enthält: bewegen, singen, rätseln, erzählen, etwas anschauen, in die Hand nehmen, beschnuppern etc., so dass für jeden wenigstens ein reizvolles Element dabei ist.

Beispiel

Herr Hoffmann denkt immerzu an seine alte Wohnung: „Ich muss da jetzt hin und den Ofen anmachen." Als es bei Vertellekes um Versteckspiele in der Kindheit geht, erzählt er: „Ich hab mich am liebsten in der Speisekammer versteckt." Diese Erinnerungen werden bei ihm so lebendig, dass er nicht mehr an den Ofen denkt. Da auch die anderen von ihren Lieblingsverstecken erzählen, wird Herr Hoffmann hineingezogen in einen angeregten Erinnerungsaustausch.

Beim Spiel sollten Ernst und Scherz aufs Glücklichste miteinander vereint sein.

Otto Maier

Humor

Geht man durch die Aufenthaltsräume eines Pflegeheimes, schlägt einem oft eine bedrückte Stimmung entgegen. Die Bewohner sitzen mit hängenden Köpfen und freudlosen Gesichtern da. Wenn aber ein Spielangebot gemacht wird, ändert sich die Stimmung oft schlagartig:

Sie ist gelöster, lebendiger und oftmals auch heiter. Wie schafft ein Spiel das? Beim Spielen entsteht immer Interaktion: man rollt sich einen Ball über den Tisch zu, gibt den Würfel weiter, freut sich gemeinsam über einen gelungenen Wurf beim Kegeln etc. Und bei jeder Interaktion können auch heitere Momente entstehen. Nach dem Motto „Humor ist, wenn man trotzdem lacht" lösen oft kleine Missgeschicke Heiterkeit aus. So können alle über einen „Pudel" beim Kegeln herzlich lachen, statt sich zu ärgern.

FRAGE: Wie können wir eine heitere, gelöste Stimmung beim Spiel fördern?

ANTWORT: Indem wir offen sind für das Überraschende, Unvorhergesehene, das beim Spielen eher passieren kann als bei anderen Tätigkeiten. Gerade dies macht den Reiz des Spielens aus. Es fördert die heitere Atmosphäre, wenn wir selbst bereit sind zu kleinen Missgeschicken, z. B. durch Versprecher, Vergesslichkeit oder Ungeschicklichkeiten. Es tut den Bewohnern gut, wenn sie erleben, dass wir auch unperfekt sind, und merken, dass sie mit ihren Schwächen nicht allein sind.

Heiterkeit kann auch ganz einfach und bewährt durch das Erzählen von Witzen entstehen, eine Kegelrunde gewürzt mit Witzen kommt bei den meisten gut an. Witze können auch als Pausen- oder Abschlussritual in Spielrunden eingesetzt werden.

Beispiel

Herr Neumann, der sonst immer ernst wirkt, muss plötzlich beim Pantomime-Raten lachen: die Betreuungskraft versucht pantomimisch eine Schraube festzudrehen. Dabei macht sie solche Verrenkungen, dass Herr Neumann gar nicht mehr anders kann als zu lachen. Zwei andere Frauen lassen sich vom Lachen anstecken und plötzlich ist unverhofft eine heitere Stimmung entstanden.

Abwechslung ist eine gute Medizin für die meisten Leiden. *Christine von Schweden*

Abwechslung

Der Alltag von pflegebedürftigen alten Menschen wäre erlebnisarm, unausgefüllt, eintönig, würden nicht regelmäßig Freizeitaktivitäten angeboten. Hierfür sorgen die Mitarbeitenden des Sozialen Dienstes. Die Frage ist, welche Angebote werden von den älteren Menschen angenommen? Welche überfordern nicht? Aber auch: Welche unterfordern nicht?

Spiele sind hier ein gutes Mittel, das passgenaue Angebot für die jeweilige Person zu finden. Ob wir das Ziel der Abwechslung und Kurzweil erreicht haben, bekommen wir oft unmittelbar von den Teilnehmenden gespiegelt, indem sie z. B. sagen „das war mal was anderes!"

FRAGE: Wie gelingt es uns, dass das Spiel kurzweilig, nicht zu leicht und nicht zu schwierig für die Teilnehmenden ist?

ANTWORT: Hier kommt das Gleiche zum Tragen wie unter Punkt Ablenkung (S. 20) beschrieben: das passgenaue Spiel für die jeweilige Person finden und beim Spielen selbst für Abwechslung sorgen.

Beispiel

Frau Sommer beklagt sich, dass ihr die bisherigen Gruppenangebote zu langweilig seien: „Das ist ja immer das Gleiche und alles viel zu einfach!" Eine Betreuungskraft bietet ein neues Gruppenangebot mit Quizfragen für fittere Bewohner/innen an. Frau Sommer beteiligt sich mit Eifer an der Beantwortung der Fragen. Als die Betreuungskraft die Quizrunde nach einer Stunde beendet, äußert Frau Sommer überrascht: „Was, die Stunde ist schon vorbei?"

Spielbarrieren bei alten Menschen erkennen und überwinden

Nachdem wir wissen, wie vielseitig das Medium Spiel das Wohlbefinden des älteren Menschen fördern kann, gilt es nun, die Barrieren in den Blick zu nehmen, die den älteren Menschen vom Spielen abhalten. Wenn wir die Hindernisse verstehen, finden wir auch geeignete Wege, sie zu überwinden.

Vorurteil: Spielen ist „Kinderkram"

Für viele der heute alten Menschen ist Spielen „Kinderkram", ein unnützer Zeitvertreib, der dem hohen Arbeitsethos widerspricht, von dem die heute Älteren geprägt sind. „Dafür hatten wir früher keine Zeit und jetzt will ich damit auch nicht mehr anfangen", hören wir oft, wenn wir die Senioren zum Spielen einladen.

FRAGE: Wie gehen wir mit dem Vorurteil, Spielen sei Kinderkram, am besten um?

ANTWORTEN:

- Wir können argumentieren, dass es Spiele für Erwachsene und für Kinder gibt und es gibt Spiele für Jung und Alt. Die ersten Spiele, die es in der Menschheitsgeschichte gab, wie Schach oder Go, dienten dem geistigen Wettstreit zwischen Erwachsenen und waren weit entfernt von Kinderspielen. Aber Argumentieren hilft selten, wenn Vorurteile sich verfestigt haben.
- Erfolgreicher ist eine andere Strategie. Wenn der Begriff „Spielen" bei den Senioren unmittelbar Abwehr erzeugt, können wir ihn ersetzen durch akzeptablere Begriffe wie Gedächtnistraining, gemütliche Runde, Klön-Treff, bunte Stunde oder Ähnliches.

- Bei bekannten und beliebten Spielen wie *Kegeln, Bingo, Boccia, Mensch ärgere dich nicht, Rummikub* schreckt das Wort spielen dagegen nicht ab.
- Aber wenn es um neue Spiele geht, haben wir es oft schwer, den Älteren das Spiel schmackhaft zu machen. Deshalb bietet es sich an, ein neues Spiel im Rahmen einer „gemütlichen Runde" oder im Gedächtnistraining vorzustellen.

Versagensangst

Vielfach steckt hinter dem Ablehnen von Spielangeboten Versagensangst beim älteren Menschen. Da die meisten Spiele so funktionieren, dass jeder reihum einen Spielzug macht, entsteht bei vielen die Angst: „Wenn ich dran komme und ich nicht kann/weiß, was von mir verlangt wird, blamiere ich mich vor allen." Verständlich, dass man solch peinliche Situationen meidet. Bei anderen gemeinschaftlichen Aktivitäten wie Singen, Essen, Kochen, Backen, Basteln etc. entstehen solche Drucksituationen nicht.

Nicht nur demenziell erkrankte Senioren erleben in vielen Situationen Versagensangst, weil sie erfahren, was sie nicht mehr können. Diese Versagensangst bewirkt Stress und es gehört zu den zentralen Zielen unserer Betreuung, Stress abzubauen und eine Atmosphäre von Sicherheit und Geborgenheit zu schaffen. Hierzu kann gerade das Medium Spiel einen wichtigen Beitrag leisten, wenn es uns gelingt, Versagensängste zu vermeiden.

FRAGE: Wie gelingt es uns, Versagensängste beim Spielen zu vermeiden?

ANTWORTEN:

- Wir sollten immer anbieten, auch nur zuschauend und passiv beim Spiel dabei zu sein. Wenn ich weiß, dass von mir nichts erwartet wird und es völlig in Ordnung ist, dass ich „nur dabei bin" kann ich entspannt an einer Spielrunde teilnehmen.
- Wenn alle Aufgaben und Fragen eines Spieles grundsätzlich an die ganze Gruppe gerichtet werden, entsteht nie der Stress: „Ich bin jetzt

dran und mir fällt nichts ein." Eventuell kann so ein anderes Problem entstehen, z. B. dass sich immer die gleichen zu Wort melden. Zum konstruktiven Umgang mit dieser Situation siehe S. 59.

- Eine hilfreiche Spielmethode, die Versagensangst vermeiden hilft, ist *6, 4, 2 – ich bin dabei* (siehe S. 52). Mit dieser Spielmethode lässt sich ganz unterschiedliches Spielmaterial so einsetzen, dass keine Versagensangst entsteht.

Wettbewerb

Normalerweise verbinden wir mit Spielen Gewinnen und Verlieren, also Wettbewerb. Nehmen wir das Spiel *Mensch ärgere dich nicht*: einer gewinnt, die anderen drei verlieren. Das Verlieren ist also wahrscheinlicher als das Gewinnen. Ältere Menschen erleben in ihrem Alltag schon viele Verluste, so dass es nicht sinnvoll ist, dass sie beim Spielen weitere frustrierende Erfahrungen machen. Gewinnen und Verlieren gehören nicht zwingend zum Spielen dazu, auch wenn viele meinen, dass es der wichtigste Spielreiz ist, gewinnen zu können. Beim Spielen mit hilfebedürftigen älteren Menschen verhält es sich genau umgekehrt: da kann gerade der Wettbewerb abschreckend wirken und die Spielfreude dämpfen.

Wenn das Spiel an sich reizvoll und interessant ist, bedarf es des „Gewinn-Kicks" nicht. Dann kann ein kooperatives Spiel anregender sein als ein Wettbewerbsspiel.

Je bekannter und beliebter ein Spiel ist, desto eher sind die Spielenden an Gewinnen und Verlieren gewöhnt. Nach dem Motto „Dabeisein ist alles" muss das Verlieren dann nicht zwingend frustrieren. Der Kegelbruder hat auch Freude am Kegeln, wenn er wenig Punkte macht. Beim Bingo-Spiel freuen sich auch diejenigen, die kein Bingo hatten. Und auch wer bei *Mensch ärgere dich nicht* verloren hat, freut sich auf die nächste Partie, vorausgesetzt er spielt *Mensch ärgere dich nicht* gern.

FRAGE: Wie gelingt es uns, dass Spiele ohne Wettbewerb trotzdem spannend und reizvoll sind?

ANTWORT: Wenn die Spielaktionen für die jeweiligen Personen reizvoll sind, kann auf Wettbewerb gut verzichtet werden.

BEISPIELE: Frau Krämer (mit schwerer Demenz) zeigt Vergnügen, wenn sie einen bunten Stoffball über den Tisch rollt.

- Herr Koch (orientiert), der häufig Aktivitäten ablehnt, beteiligt sich überraschend rege bei einer Wortsammlung: Es werden Wörter gesucht die mit den Buchstaben „ka" anfangen. Und es fallen ihm einige dazu ein.
- Frau Fischer (depressiv) muss beim Redensarten berichtigen lachen, als sie hört „Mehrere *Würstchen* im Feuer haben."

Komplizierte Regel

Eine komplizierte Spielregel stellt für viele Menschen eine schwer zu überwindende Hürde dar. Dies ist ein entscheidender Grund dafür, warum viele (nicht nur Ältere) immer wieder die gleichen Spiele spielen: weil sie das Regellernen scheuen. Da Regellernen zu einem großen Teil aus Gedächtnisleistung besteht, ist hier die Hürde für ältere Menschen noch höher und für Menschen mit Demenz gar nicht zu nehmen.

FRAGE: Wie kann die Spielregel maximal einfach und selbsterklärend sein?

ANTWORTEN:

- Indem jedes neue Spiel „Schritt für Schritt" gespielt wird. Das bedeutet, jeder Spielzug besteht aus nur einer Aktion, die annähernd jeder tun kann: z. B. würfeln oder eine Karte ziehen oder einen Ball fangen oder werfen etc.
- Eine maximal einfache Spielmethode ist das schon erwähnte *6, 4, 2 – ich bin dabei* (siehe S. 52). Hier brauchen die Teilnehmenden nur zu würfeln und jeder bringt sich so weit ein, wie er es kann und möchte.

Überforderung/Unterforderung

Ob ein Spiel den Spielenden über- oder unterfordert, hängt von seinem jeweiligen Leistungsvermögen ab. So kann ein geistig fitter alter Mensch *Mensch ärgere dich nicht* langweilig finden, weil es ihn unterfordert, während ein Mensch mit Demenz mit diesem traditionellen Brettspiel schon überfordert sein kann.

FRAGE: Wie gelingt es uns, dass es beim Spielen weder zu Über- noch zu Unterforderung kommt?

ANTWORTEN: Zunächst gilt es zu akzeptieren, dass diese Anforderung selbst eine Überforderung ist. Denn es wird uns trotz großen Bemühens nicht gelingen zu verhindern, dass jeder während des Spielens gelegentlich Momente der Über- oder Unterforderung erlebt.

- Es ist aber ein großer Unterschied, ob der Spielende während des gesamten Spieles Unter- oder Überforderung erlebt oder nur in einzelnen Momenten.
- Wenn die Spielrunde viel Abwechslung in den Aufgaben und Anforderungen enthält, z. B. singen, rätseln, erzählen, bewegen, sind kurze Momente der Unter- oder Überforderung nicht weiter kritisch.
- Auch hier ist die Spielmethode *6, 4, 2 – ich bin dabei* (siehe S. 52) sehr hilfreich, weil sie die Anpassung des Spieles an das jeweilige Leistungsniveau der Spielenden ermöglicht.

Unterschiedliche Handicaps berücksichtigen

Zu einer Gruppe in der Altenhilfe gehören Menschen in den verschiedenen Krankheitsstadien einer Demenz, Menschen, die von Apoplex, Parkinson oder einer Depression betroffen sind, Menschen, die zusätzlich eine Hör oder/und Sehbeeinträchtigung haben. Deshalb lautet eine der häufigsten Fragen in Fortbildungen zum Thema Spiel und Beschäftigungsangebote: „Wie soll ich die alle unter einen Hut bringen?" Dass dies eine große Herausforderung ist, liegt auf der Hand. Nur wird sie kaum wahrgenommen. Von Betreuungskräften wird oft ganz selbstverständlich erwartet, dass sie für diese heterogenen Gruppen ein Angebot auf die Beine stellen, das alle zufriedenstellt. Doch wie soll das gehen? Auch die angesehensten Experten werden mit dieser Anforderung ihre Probleme haben.

Und trotzdem gibt es über das Medium Spiel gute Möglichkeiten, wie ganz verschiedene Menschen miteinander in Kontakt treten und sich wohlfühlen können. Das ist die besondere Qualität des Spieles, dass es Brücken zwischen sehr verschiedenen Menschen bauen kann.

Zunächst schauen wir uns die verschiedenen Handicaps an, von denen ältere Menschen betroffen sein können. Wie wirken sich diese auf das Spielen aus und wie kann gerade das Spielen ein Gegengewicht zu den erlebten Handicaps herstellen?

Die häufigsten Handicaps sind:

- Eingeschränkte Sehfähigkeit
- Eingeschränkte Hörfähigkeit
- Eingeschränkte Hör- und Sehfähigkeit
- Eingeschränkte Feinmotorik und Mobilität
- Eingeschränkte kognitive und verbale Fähigkeiten
- Antriebsschwäche

Eingeschränkte Sehfähigkeit

Für Sehbehinderte eignen sich am besten Spiele, bei denen in erster Linie der Hörsinn gefordert ist, dazu gehören alle Rate- und Kommunikationsspiele, von denen es mittlerweile speziell für den Seniorenbereich eine große Auswahl gibt. Gerade Sehbehinderte haben oftmals Freude am Raten und erfahren Erfolgserlebnisse, die ihnen im Alltag oft fehlen. Deshalb gilt es, insbesondere Sehbeeinträchtigte bei kommunikativen und Quizspielen einzubeziehen.

Vielfach verfügen sehbehinderte Senioren noch über Restsehfähigkeiten, so dass sie über starke Kontraste, kräftige Farben, größere Formen und Abbildungen doch noch bei bekannten Brettspielen mitmachen können.

Mit einem leuchtend roten Ball kann auch ein sehbehinderter Mensch Ball spielen. Und mit einem klingenden Ball können auch Menschen mit starker Sehbehinderung mitspielen.

FRAGE: Wie gelingt es uns, jeden mit einer Sehbehinderung bis hin zur Blindheit in ein Spiel einzubeziehen?

ANTWORTEN: Die Sehbehinderung lässt sich oftmals mit Anpassung des Spielmaterials auffangen: größer, farbiger, kontrastreicher.

- Bei stark verminderter Sehfähigkeit bietet sich das Tandemspielprinzip an (siehe S. 54), bei dem sich z. B. ein sehender und ein nichtsehender Spielpartner zusammentun. So würfelt beispielsweise der nichtsehende Partner und der andere nennt das Würfelergebnis.
- Bei vielen Rätselspielen ist der Hörsinn wichtig, aber nicht der Sehsinn. Geistig fitte Ältere aber auch Ältere mit beginnender Demenz haben oft viel Freude an Ratespielen.
- Für Sehbehinderte ist die Spielmethode 6, 4, 2 – ich bin dabei (siehe S. 52) auch ein gutes Mittel, um sie in die Spielrunde einzubeziehen.

Eingeschränkte Hörfähigkeit

Bei einer Hörbehinderung ist die Gefahr, dass sich der Betroffene im Zusammensein mit anderen isoliert fühlt, besonders groß. Die Kontaktaufnahme über das Reden ist erschwert. So fühlen sich hörbehinderte Menschen in reinen Gesprächssituationen oft ausgeschlossen. Manche Betroffene entwickeln ein großes Misstrauen, weil sie nicht wissen, was die anderen über sie reden und sie ziehen sich zurück.

Spielen bietet hier die Möglichkeit. über das Reden hinaus ein Miteinander zu gestalten, bei dem sich auch Hörbehinderte einbezogen fühlen. Da Spiel ein Medium ist, das immer mehrere Sinne anspricht, eben auch den Seh- und Tastsinn, können beim Spielen mit Hörbehinderten ihre noch intakten Sinne angesprochen werden.

FRAGE: Wie gelingt es uns, jeden mit einer Hörbehinderung in eine Spielrunde einzubeziehen?

ANTWORTEN: Je nach Grad der Schwerhörigkeit ist es sinnvoll, Spiele anzubieten, bei denen das Hören unwichtig ist. Das gilt für die meisten Bewegungs-, Geschicklichkeits-, Brett-, Würfel- und Kartenspiele.

- Ratespiele funktionieren, wenn Fragen und Antworten aufgeschrieben werden, z. B. an einem Flipchart oder auf ein großes Plakat, das in der Mitte liegt.
- Den Betroffenen aus der Nähe ansprechen.
- Den Betroffenen deutlich, langsam und etwas lauter als gewohnt ansprechen.
- Den Betroffenen beim Sprechen anschauen.
- Aufforderungen mit Gesten untermalen.
- Für ein ruhiges Umfeld mit wenig Nebengeräuschen sorgen.
- Dafür sorgen, dass immer nur einer redet, weil bei Stimmenwirrwarr der Betroffene nichts mehr versteht.

Eingeschränkte Seh- und Hörfähigkeit

Viele Bewohner von Pflegeheimen haben gleichzeitig eine Hör- und Sehbehinderung. Wenn die Hauptsinneskanäle, über die wir unsere Umwelt wahrnehmen und mit ihr in Kontakt treten, beeinträchtigt sind, ist die Gefahr der Isolation besonders groß.

Gerade hier kann das gesellige Beisammensein über das Medium Spiel für die Betroffenen wohltuend sein, da sie trotz eingeschränktem Sehen und Hören Zugehörigkeit erleben können.

Auch wenn die Mitmachmöglichkeiten der Betroffenen beim Spielen begrenzt und manchmal nur auf das Würfeln beschränkt sind, ist doch zu beobachten, dass sie das gesellige Beisammensein, die freundliche und lebendige Atmosphäre genießen.

FRAGE: Wie gelingt es uns, Senioren mit doppeltem Handicap in die Spielrunde einzubeziehen?

ANTWORTEN: Alle Spiele, bei denen gewürfelt wird, sind geeignet – denn würfeln kann auch jemand, der nicht mehr gut sieht und hört.

- In der Gruppenbetreuung den Betroffenen mit einem Tandemspieler zusammenbringen (siehe S. 54), der z. B. das Würfelergebnis für ihn nennt.
- In der Einzelbetreuung verschiedene Spiele mit dem Betroffenen ausprobieren, um herauszufinden, welches Spiel den Betroffenen nicht überfordert und ihm Freude macht.
- Wir sollten besonders auf taktile Reize beim Spielen achtgeben. Alles, was der Betroffene beim Spielen in die Hand nimmt und im wahrsten Sinne des Wortes „begreift", wie den Würfel, einen Ball, eine Spielfigur, spricht seinen intakten Tastsinn an.
- Wenn wir die Betroffenen vermehrt auf liebevolle Weise berühren, unterstützt dies das Gefühl, dazuzugehören und wahrgenommen zu werden. So werden Berührungen der Hand, des Unter- oder Oberarmes, der Schulter, des Rückens meist als wohltuend empfunden.

- Bei doppeltem Handicap ist auch die Spielmethode *6, 4, 2 – ich bin dabei* (siehe S. 52) hilfreich, um die Betroffenen Einbeziehung erleben zu lassen.

Eingeschränkte Feinmotorik und Mobilität

Viele Alterserkrankungen wie Parkinson, Schlaganfall, Rheuma sind mit mehr oder weniger massiven Einschränkungen der Mobilität und Feinmotorik verbunden. Davon sind vor allem Bewegungsspiele betroffen und Spiele, die feinmotorische Fähigkeiten voraussetzen, wie das Ziehen von Spielfiguren und Spielkarten.

FRAGE: Wie gelingt es uns die Spielangebote an die Mobilitätseinschränkungen der Spielenden anzupassen?

ANTWORTEN: Für die meisten Bewegungsspiele gibt es entsprechende Hilfen, wie beispielsweise beim Kegeln eine Schiene, über die es auch Menschen im Rollstuhl möglich ist, zu kegeln.

- Größeres, stabiles Spielmaterial ermöglicht es auch Parkinsonerkrankten *Mensch ärgere dich nicht* mitzuspielen. Magnete oder Vertiefungen im Spielbrett verhindern das Umfallen der Spielfigur.
- Für mobilitätseingeschränkte Ältere sind gerade Bewegungsspiele eine wichtige Erfahrung, um neben ihren Bewegungseinschränkungen auch noch ihre Bewegungsmöglichkeiten zu erleben. Beispiel: der linke Arm ist zwar gelähmt und kann keinen Ball fangen, aber der rechte kann den Ball fangen und das kann mit großer Bewunderung von den anderen wahrgenommen werden, weil es einer besonderen Geschicklichkeit bedarf, mit einer Hand zu fangen.
- Vielfach kann auch das Tandemspielprinzip (siehe S. 54) hilfreich sein: z. B. würfelt der Spieler mit Parkinson, der Tandemspieler setzt die Spielfigur weiter.
- Mobilitätseinschränkungen können auch bei der Spielmethode *6, 4, 2 – ich bin dabei* (siehe S. 52) gut aufgefangen werden.

Eingeschränkte kognitive und verbale Fähigkeiten

Bei einer demenziellen Erkrankung lassen die kognitiven und verbalen Fähigkeiten im Laufe der Erkrankung nach. Auch Schlaganfall-Betroffene sind in ihrer Sprachfähigkeit oft eingeschränkt. All diese Handicaps erschweren Spiele mit großem verbalem Anteil. Dennoch muss nicht gänzlich auf sie verzichtet werden, wenn ein Spiel neben dem verbalen Anteil noch andere Elemente enthält, wie Musik und Bewegung.

FRAGE: Wie gelingt es uns, Menschen mit Demenz, auch im fortgeschrittenen Stadium der Erkrankung, in eine Spielrunde einzubeziehen? Das gleiche gilt für Menschen mit Aphasie.

ANTWORTEN: Die Elemente Musik/Singen und Bewegung dürfen in einer Spielrunde für diesen Personenkreis nicht fehlen.

- Denn beim Singen können viele ein Erfolgserlebnis haben und die Zugehörigkeit zu einer Gruppe erleben.
- Bewegungselemente können auch sehr klein sein, wie das Würfeln oder Luftballon fangen. Sie sind in der Regel von den Betroffenen noch gut zu bewältigen.
- Rätselfragen können Menschen mit Demenz zum Teil noch beantworten, wenn sie ausreichend Zeit zum Nachdenken bekommen.
- Vielfach kann hier auch das Tandemspielprinzip (siehe S. 54) hilfreich sein: Der demenzerkrankte Spieler verrichtet den einfacheren Teil des Spielzuges, z. B. würfeln, der Tandemspieler den anspruchsvolleren Teil des Spielzuges, z. B. Spielfigur weiter setzen.
- Die Spielmethode *6, 4, 2 – ich bin dabei* (siehe S. 52) eignet sich besonders gut, um Menschen mit Demenz oder Aphasie in eine Spielrunde einzubeziehen.

Antriebsschwäche

Menschen im Pflegeheim erleben, wie bereits beschrieben vielfältige Verluste, die nicht selten depressive Verstimmungen bis hin zu gravierenden Depressionen auslösen können. Das seelische Tief ist immer verbunden mit einer massiven Antriebsschwäche. Es fällt den Betroffenen schwer, sich überhaupt zu einer Aktivität aufzuraffen. Oftmals bereiten schon die alltäglichen Verrichtungen wie das morgendliche Aufstehen, Körperpflege und Ankleiden große Überwindung und Anstrengung. Da liegt die Teilnahme an einer geselligen Spielrunde eher fern. Dabei könnte gerade diese den Betroffenen aus seinem seelischen Tief etwas herausholen. Denn beim Spielen besteht die Chance von belastenden Gedanken und Gefühlen Abstand zu nehmen. Allein das Dabeisein in der Gruppe kann für den Betroffenen schon stimmungsaufhellend sein. Wenn er dazu noch einem Schwächeren als Tandemspieler helfen kann und erlebt, gebraucht zu werden, verringert das das Gefühl der Wertlosigkeit, unter dem viele Betroffene leiden.

Wichtig ist es bei Menschen mit Depressionen geduldig, akzeptierend und verständnisvoll zu sein und dran zu bleiben. Das Ablehnen eines Angebotes ist selbstverständlich zu respektieren, denn die Erfahrung, gezwungen zu werden, kann zusätzlich deprimieren.

Oftmals dauert es auch etwas, bis wir für den Betroffenen das passende Spielangebot gefunden haben. Der eine blüht bei einem Bewegungsspiel auf, der Nächste bei einem Ratespiel oder *Bingo*. Wenn der Betroffene einmal sein Lieblingsspiel gefunden hat, wird es eine wesentliche und zuverlässige Quelle guter Gefühle für ihn sein.

FRAGE: Wie gelingt es uns, Menschen mit großer Antriebsschwäche zum Mitspielen zu motivieren?

ANTWORTEN: Indem wir ihnen die „goldene Brücke" bauen „Sie können auch einfach nur zuschauen" und schon entfällt der Druck, etwas Besonderes leisten zu müssen. So können sie entspannt beim Spiel dabei sein und erleben, dass sie dazugehören, ohne etwas leisten zu müssen.

- Motivierend kann es auch sein, wenn ich sage: „Ich freue mich, wenn Sie uns Gesellschaft leisten."
- Jedes „Aufraffen" des Betroffenen sollte von uns gelobt und gewürdigt werden: „Toll, dass Sie sich trotzdem aufgerafft haben und dabei waren!"
- Nach und nach kann über das bloße Dabeisein zunehmend ein Mitmachen entstehen. Aber auch, wenn der Betroffene dauerhaft „nur dabei" sitzt, kann es für ihn wohltuender sein, als allein im Zimmer oder auf dem Flur zu sitzen.
- Das Tandemspielprinzip (siehe S. 54) kann auch motivierend sein, indem der antriebschwache Spieler sich um einen Schwächeren kümmert. Anderen zu helfen, kann Antriebslosen manchmal den wirksamsten Antrieb geben.
- Die Spielmethode *6, 4, 2 – ich bin dabei* (siehe S. 52) eignet sich auch gut dazu, Menschen erst mal nur dabei sein zu lassen.

Unterschiedliche Zielgruppen erreichen

Männer/Frauen

Eine häufig geäußerte Kritik an der Aktivierung in der Altenpflege lautet, dass sie einseitig auf die Bedürfnisse von Frauen zugeschnitten ist. Trifft das auch auf das Spielen zu? Oder bietet das Medium Spiel sowohl eine gute Grundlage für Männerangebote als auch für Angebote für Männer und Frauen? Zum einen gibt es mit Skat und Schach Spiele, die eher Männer bevorzugen. Viele Männer hatten früher ihre regelmäßige Skatrunde. So kann sich um ein Spiel herum ein fester Männerstammtisch entwickeln. Wenn Skat und Schach zu schwierig sind, gilt es, einfachere Spiel zu finden, wie Würfelspiele, *Rummikup* oder *Mau-Mau*.

Angebote wie Kegeln, Ballspiele, aber auch Kommunikations- und Ratespiele, sind bei Männern und Frauen gleichermaßen beliebt. Hier können sie ihre Geschicklichkeit oder ihr Allgemein- und Erfahrungswissen einbringen.

Das Miteinander von Männern und Frauen beim Spielen wird von beiden Seiten als angenehm und bereichernd empfunden. Können doch kleine charmante Gesten und Neckereien beim Spielen für beide Seiten reizvoll sein.

Da Männer in der Altenpflege in der Minderheit sind, gilt es darauf zu achten, dass sie in den Gruppen mindestens einen Geschlechtsgenossen an ihrer Seite haben. Es gibt jedoch auch Männer, für die es kein Problem ist, „Hahn im Korb" zu sein.

Wichtig ist es, Spiele auch als eine Gelegenheit zu nutzen, bei der Männer und Frauen es genießen, gemeinsam eine anregende Zeit miteinander zu verbringen. Für manche Frau mag die Anwesenheit eines bestimmten Mannes Grund genug sein, um beim Spiel mitzumachen. Und mancher Mann genießt es, dass die Damen gerade neben ihm sitzen wollen.

Beispiel

Herr Müller reicht den Damen beim Kegeln immer die Kugel und zwinkert ihnen freundlich zu, das gibt jeder Kegelschwester noch mal den richtigen Schwung für den Wurf.

Senioren mit ausländischen Wurzeln

Zunehmend gehören zu den pflegebedürftigen Senioren auch Menschen mit ausländischen Wurzeln. Welchen Beitrag kann hier das Spiel zur interkulturellen Begegnung leisten?

Viele Senioren, deren Muttersprache nicht Deutsch ist, greifen im Alter, insbesondere bei einer Demenz, wieder auf ihre Muttersprache zurück, was die verbale Verständigung mit den Mitbewohnern, Pflege- und Betreuungskräften nicht einfach macht. Da können Spiele, bei denen die Sprache eine untergeordnete Rolle spielt, ein hervorragender Brückenbauer sein. Viele Spiele lassen sich durch Zeigen und Vormachen erklären: Kegeln, Boccia, Ballspiele. Aber auch Würfel-, Brett- und Legespiele kommen ohne Sprachverständnis aus. Oder das beliebte Bingo ist ganz ohne Deutschkenntnisse möglich, wenn die gezogene Zahl herumgezeigt wird.

Vielleicht gibt es auch die Möglichkeit, Spiele aus dem Herkunftsland der Senioren aufzugreifen und gemeinsam kennenzulernen und auszuprobieren. So wie beim Singen auch Volkslieder aus dem Heimatland der Senioren einbezogen werden können, so ließe sich das auch auf typische Spiele aus der Heimat der Senioren beziehen.

Spiele können dazu beitragen, dass ein gelingendes Miteinander auch dort entsteht, wo das Miteinanderreden kaum möglich ist. Miteinander lachen, gemeinsame Freude beim Spiel kann zur Verständigung manchmal mehr beitragen als manch angestrengtes Gespräch.

Beispiel

Herr Yildirim erhält Applaus für seinen geschickten Wurf beim Boccia. Er ist sichtlich stolz und lächelt zufrieden über seinen Erfolg.

Senioren mit geistiger Behinderung

Ältere Menschen mit geistiger Behinderung verbringen ihren Lebensabend überwiegend in Pflegeeinrichtungen der Behindertenhilfe. Vereinzelt werden sie auch in der Altenhilfe betreut, die oftmals auf den psychosozialen Betreuungsbedarf dieser Menschen unzureichend vorbereitet ist.
Hier kann das Medium Spiel als Brückenbauer funktionieren zwischen den Älteren ohne geistige Behinderung und den Älteren mit geistiger Behinderung.

Spiele, bei denen Musik, Rhythmus und einfache Bewegungen mit Bällen, Luftballons und Tüchern im Vordergrund stehen, sind besonders für ein gelingendes Miteinander geeignet. Auch Spiele, die die Sinne anregen, fördern die gemeinsame Freude und Begegnung.

Manchmal können Menschen mit geistiger Behinderung mit ihrer spontanen und unmittelbaren Fähigkeit, Freude und Sympathie mitzuteilen, andere anstecken und die Atmosphäre in der Gruppe auflockern und beleben. Es müssen mit Bedacht Spiele ausgesucht werden, die keine kognitiven Anforderungen stellen, sondern das Sinnliche, Musikalische, Fröhliche in den Mittelpunkt stellen.

Beispiel

Frau Gruber ist eine 50jährige Frau mit Down-Syndrom und Demenz, sie verhält sich im Allgemeinen sehr ruhig und wirkt eher ängstlich. Als sie jedoch mithilfe des Würfelglases würfelt, lacht sie über das ganze Gesicht und schüttelt das Würfelglas mit großer Freude. Alle anderen bewundern sie für die Energie, die sie plötzlich zeigt.

Anregungen und Tipps zum gelingenden Spielen

Gruppengröße und Gruppenzusammensetzung

Überwiegend wird in der Altenhilfe in der Gruppe gespielt. Das bedeutet mindestens 3 Spielende. Die Gruppe bietet den großen Vorteil des Erlebens von Gemeinschaft, Zugehörigkeit und Einbeziehung.

Welche Gruppengröße ist günstig?

Zum einen kommt es auf das Spiel an, zum anderen auf den Hilfebedarf der Spielenden. Je größer der Hilfebedarf, umso günstiger sind kleinere Gruppen bis zu acht Personen. Manchmal wirkt aber auch das bloße Dabeisein in größeren Spielrunden auf die Betroffenen beschützend und wohltuend.

Während es uns langweilig wird, wenn zu viele mitspielen und es zu lange dauert, bis wir wieder dran sind, kann es beim Spielen mit hilfebedürftigen Senioren genau umgekehrt sein: die Pausen, bis man wieder drankommt, können gerade wichtig sein.

Bei der richtigen Gruppengröße ist es wichtig, dass wir uns folgende Fragen stellen:

- Kann ich bei der Gruppengröße alle im Auge behalten?
- Habe ich den Eindruck, dass sich alle wohl in der Gruppe fühlen?
- Haben alle ausreichend Platz im Raum/am Tisch?

Welche Gruppenzusammensetzung ist günstig?

Da Spiel ein Medium ist, das integrativ wirkt und Brücken zwischen ganz verschiedenen Menschen bauen kann, bliebe gerade diese Qualität ungenutzt, wenn wir bei der Gruppenzusammensetzung auf Ähnlichkeiten setzen: ähnliches Krankheitsstadium, ähnliches Alter, ähnliche Herkunft etc. Abgesehen davon, dass solch homogene Gruppen in der Praxis kaum realisierbar sind.

Trotzdem kann es sinnvoll sein, Spiele für fittere und weniger fitte Senioren anzubieten, damit die einen nicht dauernd unterfordert und die anderen nicht überfordert sind.

In der Praxis ist beides wichtig: Spielrunden angepasst an das jeweilige Leistungsvermögen der Teilnehmenden, aber auch gemischte Runden, mit abwechslungsreichen Spielaufgaben, wo für jeden etwas dabei ist. Von diesen gemischten Gruppen geht die Botschaft aus: Jeder gehört dazu, keiner wird ausgegrenzt!

Spielen in der Einzelbetreuung

Ein Großteil der Spiele lässt sich auch zu zweit spielen: In der ambulanten Betreuung beim älteren Menschen zu Hause, in der Einzelbetreuung in der stationären Pflege.

Spiele zu zweit haben den Vorteil:

- Ich kann mit meiner ganzen Aufmerksamkeit bei einer Person sein und gezielter auf ihre individuellen Interessen, Bedürfnisse und Fähigkeiten eingehen.
- Ich kann leichter verschiedene Spiele ausprobieren, um festzustellen, ob sie der Person Freude machen.
- Ich kann die Spiele leichter dem Leistungsvermögen des älteren Menschen anpassen. z. B. beim *Memoryspiel* weniger Karten nehmen, bei *Mensch ärgere dich nicht* nur eine statt vier Spielfiguren, die man ins Haus bringen muss.

Worauf muss ich beim Spielen zu zweit achten?

- Ich bin mehr in der Rolle des Mitspielers als in einer Gruppe. Das bedeutet, ich mache die gleichen Spielzüge wie mein Gegenüber. Dadurch begegnen wir uns auf Augenhöhe.
- Da sich der ältere Mensch beim Spielen zu zweit nicht so einfach mit seiner Aufmerksamkeit ausklinken kann wie in einer Gruppe, sollte ich

auf kürzere Spielangebote achten, um das Konzentrationsvermögen des älteren Menschen nicht zu überfordern.

- Nach einer Spieldauer von 5 bis 15 Minuten sollte eine Pause gemacht werden, wo gemeinsam getrunken wird und sich der Kopf beim Blick aus dem Fenster wieder entspannen kann.

Beispiel

Frau Hartmann ist eigentlich keine Spielernatur. Sie wird zwei Mal in der Woche von der Betreuungskraft Anja besucht. Anfangs war Anja ratlos, was sie nach dem obligatorischen Kaffeetrinken und Plaudern mit Frau Hartmann machen sollte. Dann fiel ihr ein, einige Spielkarten von Vertellekes mitzunehmen und sie in einen hübschen Beutel zu stecken. „Ziehen Sie mal eine Karte!", fordert Anja Frau Hartmann auf, die neugierig eine Karte aus dem Beutel zieht, und zwar die Katzenkarte mit den Sprichwort-Rätseln. „Jetzt würfeln Sie mal!" Anja liest vor „Wie müsste es richtig heißen: mäuschenmüde sein?" Frau Hartmann lacht und überlegt, bis sie schließlich sagt: „hundemüde". Dann zieht Anja eine Karte aus dem Beutel und würfelt.
Es ist eine Schildkröten-Karte mit der Frage: „Welcher Sport interessiert Sie am meisten?" Anja erzählt von ihrer Leidenschaft für Eiskunstlauf und Frau Hartmann berichtet, dass sie immer für Hans Jürgen Bäumler geschwärmt hat. So kommen die beiden von „Hölzken auf Stöksken". Frau Hartmann macht diese Art von Unterhaltung Freude und sie ist jedes Mal gespannt, welche Frage/Aufgabe als nächstes drankommt. Nach einer Viertel Stunde spürt Anja, dass Frau Hartmann etwas müde wirkt. „So, jetzt haben wir uns aber eine Pause verdient, mögen Sie auch ein Glas Apfelsaft?"
Beide prosten sich zu und schauen gedankenverloren aus dem Fenster. Es ist auch schön, miteinander zu schweigen.

Günstige Rahmenbedingungen: Raum und Zeit

Der Raum, in dem gespielt wird, nimmt Einfluss auf das Wohlfühlen beim Spiel. Folgende Fragen sollten wir uns stellen:

- Ist der Raum groß und hell genug?
- Ist er gut gelüftet: nicht zu warm, nicht zu kalt?
- Für Bewegungsspiele wird ein größerer Raum mit Stuhlkreis benötigt.
- Für alle anderen Spiele ist ein großer Tisch um den alle sitzen können wichtig für das Gemeinschaftsgefühl.
- Auf dem Tisch sollten Getränke stehen. Kaffee und ggf. Plätzchen schaffen eine nette Atmosphäre.
- Ist die Atmosphäre des Raumes eher gemütlich oder nüchtern?
- Ist es ein Tagesraum, in dem sich die Bewohner auch sonst aufhalten und wo es ein ständiges Kommen und Gehen gibt? Nachteile: häufige Störungen, Nebengeräusche, Vorteile: Transfer in entfernteren Raum entfällt, Menschen mit Demenz können leichter einbezogen werden, weil sie oft Ängste haben, ihren gewohnten Raum zu verlassen.
- Oder ist es ein Gruppenraum, der nur für bestimmte Gruppenangebote genutzt wird und wo man weitgehend ungestört ist?

Was sind günstige zeitliche Faktoren?

Hier unterscheiden wir regelmäßige, meist wöchentlich stattfindende Spielrunden in größerer Gruppe (6 und mehr Teilnehmende). Bei diesen ist ein zeitlicher Rahmen von 45 bis 60 Minuten günstig: nicht zu kurz, damit auch ein Gemeinschaftsgefühl entstehen kann, und nicht zu lang, damit es die Teilnehmenden nicht überanstrengt.

Als Tageszeit kommt der spätere Vormittag zwischen 10.00 Uhr – 12.00 Uhr infrage und der Nachmittag zwischen 15.00 Uhr und 17.00 Uhr. Eine Spielrunde am Abend zwischen 19.00 Uhr und 21.00 Uhr kann bei entsprechender personeller Besetzung auch sinnvoll sein.

Für kleinere, spontane Spielrunden im Tagesraum, wo z. B. mithilfe des Tandemspielprinzips (siehe S. 55) auch eine schwächere Person in eine Brettspielrunde einbezogen werden kann, bedarf es keiner zeitlichen Vorgaben. Sie haben den Vorteil, dass auch ungeplant ein Miteinander entsteht und leere Zeiten bis zur nächsten Mahlzeit mit Erleben gefüllt werden. Drumherum Sitzende profitieren oft von diesen kleinen lebendigen Gruppen im Tagesraum.

Verschiedene Beteiligungsformen beim Spielen

Beim Spielen mit älteren und pflegebedürftigen Menschen sollten wir offen sein für verschiedene Teilnahmemöglichkeiten: von aktiv bis am Rande zuschauend dabei sein. Jede Form der Teilnahme hat ihre eigene Berechtigung und ihren eigenen Wert für die jeweilige Person. Wir sollten nicht den Fehler begehen, nur die aktive Teilnahme als die beste Möglichkeit des Mitspielens zu betrachten. Deshalb schauen wir uns jede Form der Teilnahme und ihre Bedeutung für die jeweilige Person genauer an.

Beispiel: Am Rande dabei sein

Herr Schulze sitzt im Wohnzimmer allein am Tisch, an einem anderen Tisch sitzt eine Bewohnergruppe zusammen, die ein Quizspiel macht. Jens, die Betreuungskraft, hat vorher Herrn Schulze eingeladen, sich doch mit in die Runde zu setzen, doch das lehnt er ab. Als es beim Quiz um Politiker der SPD geht ruft Herr Schulze mehrere Namen von SPD-Politikern. Die Gruppe und Jens reagieren überrascht und erfreut, über Herrn Schulzes Kenntnisse.

Solche Situationen hat bestimmt jeder in der Betreuung schon mal erlebt. Manche, die am Rande sitzen, hören oft sehr aufmerksam zu. Sie geben manchmal überraschend Antworten, wenn es um etwas geht, was sie interessiert und wo sie sich auskennen. Aber sie möchten die Freiheit haben, sich soweit einzubringen, wie sie es möchten. Sie fühlen sich behaglicher am Rande. Manchmal geschieht es, dass jemand, der zuvor aus der Distanz das Spielgeschehen betrachtete, irgendwann doch in der Spielrunde dabei sein möchte. Wichtig ist, dass die jeweilige Person entscheidet, wie nah oder fern sie am Spielgeschehen teilnehmen möchte.

Auch der am Rande Sitzende, der keine Kommentare gibt, kann von der lebendigen Atmosphäre im Raum, die durch das Spielen entsteht, profitieren.

Beispiel: Passives Dabeisein

Frau Keller sitzt stumm und passiv bei einer Spielrunde dabei. Sie befindet sich im fortgeschrittenen Stadium der Demenz. Zwischendurch wird gesungen, da öffnen sich auch ihre Lippen. Insgesamt wirkt sie entspannt in der Spielrunde, während sie sonst oft unruhig auf und abläuft.

Wir unterschätzen oft die wohltuende und entspannende Wirkung des bloßen Dabeiseins in einer Runde. Vielen, insbesondere demenzerkrankten Älteren vermittelt es ein Gefühl der Geborgenheit und Sicherheit, in einer Runde dabei zu sitzen. Menschen mit Demenz erleben in ihrem Alltag vielfältigen Stress, da sie immer wieder ihre Grenzen und Überforderung erfahren. Da sind Situationen wohltuend für die Betroffenen, in denen sie einfach nur da sein können.

Aktives Mitmachen

Für das aktive Mitmachen braucht es keine Beispiele. Alle spielrelevanten Handlungsformen wie Wortbeiträge, körperliche Aktivität, Würfeln, Weitersetzen der Spielfigur etc. gehören dazu. Wenn wir an das Spielen mit älteren Menschen denken, denken wir zuerst an das aktive Mitmachen.

Mischformen von aktiven und passiven Dabeisein

Am häufigsten erleben wir einen Wechsel von passiver und aktiver Teilnahme beim Spielen. Die Konzentrationsfähigkeit nimmt im Alter ab, insbesondere bei einer demenziellen Erkrankung. Deshalb ist es wichtig, dass die Spiele, die wir anbieten, beides ermöglichen: das aktive und das passive Dabeisein. Darum sind Spiele in einer größeren Gruppe oft geeigneter für die älteren Menschen, als zu zweit oder im kleinen Kreis, weil so automatisch immer kleine Pausen beim Spielen entstehen, wo sie sich zurücklehnen und nicht ununterbrochen aufpassen müssen.

Wenn wir uns die Tatsache und die Bedeutung dieser unterschiedlichen Beteiligungsformen bewusst machen, werden wir den „Erfolg" unserer Spielangebote nicht mehr daran messen, wie viele wieviel gesagt und getan haben, sondern daran ob sich alle bei dem Spielangebot wohl gefühlt haben.

Dies erkennen wir neben Lächeln und Lachen an einer entspannten Mimik und Körperhaltung der Teilnehmenden.

Zur Wirksamkeit des Würfels

Der Würfel, ein Grundbestandteil vieler Spiele, ist ein faszinierend einfaches und wirksames Mittel der Einbeziehung, gerade auch für diejenigen, die krankheitsbedingt große Einschränkungen haben.

1. Der Würfel bringt Menschen MITEINANDER IN KONTAKT, einfach indem er weitergereicht wird. Jedes Weiterreichen des Würfels beinhaltet einen kleinen Moment der Zuwendung zum anderen.
2. Der Würfel hat ein großes INTEGRATIVES POTENZIAL: Er kann GANZ VERSCHIEDENE MENSCHEN miteinander in Kontakt bringen: Menschen mit und ohne Demenz, junge und alte Menschen, Menschen mit ausländischer Herkunft, Menschen mit Behinderung.
3. Der Würfel wirkt KOMMUNIKATIONSFÖRDERND, indem jedes Würfelergebnis zu Reaktionen und Kommentaren in der Gruppe anregt.
4. Der Würfel spinnt UNSICHTBARE FÄDEN zwischen den Menschen, weil sich alle am Würfeln beteiligen und schafft auf diese Weise ein ZUSAMMENGEHÖRIGKEITSGEFÜHL.
5. Der Würfel schafft bei jedem Würfeln ein ÜBERRASCHUNGSMOMENT, der oftmals mit SPANNUNG UND FREUDE verbunden ist.

6. Der Würfel ermöglicht das ERLEBEN VON SELBSTWIRKSAMKEIT, weil jedes Würfeln ein ERGEBNIS bewirkt, das eine KONSEQUENZ hat.
7. Der Würfel ist ein GLEICHMACHER, weil er jeden unabhängig von seinen Fähigkeiten gleichbehandelt: JEDER HAT DIE GLEICHE CHANCE, eine sechs zu würfeln.
8. Wer Würfel, steht für diesen Moment im MITTELPUNKT, ganz gleich, ob er noch reden kann. ZURÜCKHALTENDE, STILLE UND SCHÜCHTERNE werden auf diese Weise SCHONEND EINBEZOGEN.
9. Beim Weiterreichen des WÜRFELS wird der NAME GENANNT: „Jetzt sind Sie dran, Herr Müller!" Namensnennung beinhaltet immer die selbstwertfördernde Erfahrung des WAHRGENOMMEN-WERDENS.
10. Der Würfel FÖRDERT DIE AUFMERKSAMKEIT in der Gruppe: Wer hat zuletzt gewürfelt? Wer ist jetzt dran?
11. Der Würfel gibt einer Gruppensituation eine FESTE STRUKTUR, in die man sich fallen lassen kann. Man muss sich nicht ständig selbst etwas ausdenken.

12. Der Würfel sorgt für den FORTGANG des Spielgeschehens: Immer wenn eine Aktion beendet ist, geht es weiter.
13. Der Würfel wirkt als POSITIVER SCHLÜSSELREIZ: Wird er regelmäßig eingesetzt, verbindet jeder mit dem Würfel ein schönes Gruppenerlebnis.
14. Der Würfel ist ein Hilfsmittel, das WENIG KOSTET und WENIG PLATZ benötigt.

Würfelhilfe: Würfelglas

- Da das Würfeln die Einbeziehung aller Teilnehmenden ermöglicht, ist es wichtig, praktische Schwierigkeiten beim Würfeln zu überwinden, z. B. durch ein Würfelglas.

Vorteile:

- Teilnehmende, die den Würfel ansonsten festhalten, können auf diese Weise doch würfeln.
- Man kann sich gegenseitig beim Würfeln helfen, indem man zu zweit das Glas umfasst und schüttelt.
- Der Würfel kann nicht unter den Tisch fallen.
- Trinkgläser auf dem Tisch stören beim Würfeln nicht.
- Man kann auch im Stuhlkreis würfeln.
- Bettlägerige können auf diese Weise auch würfeln.
- Viele haben Spaß beim Schütteln des Würfelglases: Erinnerung an Cocktail mixen.

Stecken Sie den Würfel in ein mittelgroßes Glas, z. B Marmeladenglas. Den Drehverschluss lackieren Sie zur besseren Sichtbarkeit rot.

Das Würfeln mit dem Würfelglas zur Gewohnheit werden lassen

Anfangs kann es zu Irritationen bei den Spielenden kommen, wenn Sie das Würfelglas einsetzen. „Was soll denn das?" „Das ist ja kindisch!" Lassen Sie sich davon nicht verunsichern, sondern greifen Sie die Bedenken auf, indem Sie erklären, dass das Würfeln mit dem Glas den Sinn hat, dass der Würfel nicht auf den Boden fällt und dass so leichter alle beim Würfeln einbezogen werden können. Wenn Sie die Zweifler vom Sinn des Würfelglases überzeugen, werden es gerade die sein, die den Schwächeren beim Würfeln behilflich sind. Aller Anfang ist schwer, aber wenn Sie am Ball bleiben, werden Sie mit der Zeit belohnt, weil Sie merken, dass das Würfeln mit dem Würfelglas zu einem gelungenen Miteinander beiträgt und auch für Sie das Angebot leichter und zufriedenstellender wird.

Vielseitige Spielmethode „Sechs, vier, zwei - ich bin dabei"

Spielregel: Reihum wird mit dem Würfelglas gewürfelt. Bei einer geraden Würfelzahl (6,4,2), passiert etwas. Es gibt zahlreiche Möglichkeiten, was passieren kann: *singen, vorlesen, erzählen, raten, bewegen, etwas anschauen, ertasten, riechen* etc. (siehe Anregungen auf den folgenden Seiten) – bei den anderen Würfelzahlen (1,3,5) wird der Würfel einfach an den Sitznachbarn weitergereicht.

Vorteile:

- Das Spielprinzip schafft einen sozialen Erlebnisraum für ältere Menschen mit unterschiedlichen Handicaps, der ihnen Sicherheit, Geborgenheit und Auflebens-Momente vermittelt.
- Jeder kann sofort ohne Erklärungen mitmachen.
- Es können auch Menschen mit fortgeschrittener Demenz mitmachen.
- Auch Ältere mit starken motorischen und/oder sensorischen Einschränkungen können gut ins Spielgeschehen einbezogen werden.
- Das Spielprinzip enthält eine klare, einfache Struktur, in die jeder leicht einbezogen werden kann.
- Jeder kann ohne Versagensangst dabei sein, da sich jede Spielaktion immer an die ganze Gruppe richtet.
- Das Würfeln mit dem Würfelglas fördert Interaktionen zwischen den Spielenden und schafft Interesse und Aufmerksamkeit für das Spielgeschehen.
- Die Fifty-Fifty-Wahrscheinlichkeit eines geraden Würfelergebnisses ermöglicht die Mischung von aktiven und ruhigen Phasen während des Spiels.
- Die Spielaktionen können variabel an den Bedürfnissen, Interessen und Möglichkeiten der Spielenden und der Spielleitung angepasst werden.
- Das Spielprinzip kann in unterschiedlich großen Gruppen zwischen 4 bis 20 Personen eingesetzt werden.

- Es kann in unterschiedlichen Räumen gespielt werden: Wohnküche, Tagesraum, Veranstaltungssaal, Sitzecke, draußen im Garten etc.
- Spielende müssen sich zum Spielen nicht zwingend umsetzen, sondern können ihren vertrauten Platz behalten.
- Es kann unterschiedlich lang gespielt werden: von 10 Minuten bis zu 1 Stunde.

Spielideen mit *6, 4, 2 – ich bin dabei*

Erzähl- und Ratespiele

Mittlerweile gibt es eine Reihe von Erzähl- und Ratespielen (*Vertellekes, Lebensreise, Waldspaziergang*, das Jahreszeitenspiel, Quizspiele, Wortspiele). Alle Spiele bestehen aus Spielkarten, die Sie bei *6, 4, 2 – ich bin dabei* einsetzen können.

Hierzu suchen Sie sich aus einem Spiel ca. 5 – 10 Karten aus und legen sie in eine schöne bunte Schachtel (oder Dose, Korb, Beutel) – das Auge spielt mit!

Reihum wird gewürfelt. Wer eine gerade Zahl würfelt, zieht eine Spielkarte aus der Schachtel und gibt sie der Spielleitung, die sie dann einsetzt. Dann werden Würfel und Spielschachtel an den Sitznachbarn weitergegeben, der als Nächster würfelt.

So können Sie ohne Vorbereitung und großen Aufwand – Sie müssen nicht die Tischmitte für ein Spielfeld freiräumen – eine große Bandbreite von Erzähl- und Ratespielen einsetzen von ganz leicht bis anspruchsvoll.

Spiele mit Bildern

Bildkarten von *Memory*, Postkarten, Fotos von Tieren, Personen, Gegenständen, Landschaften etc. regen auf vielfältige Weise zum Erinnern und Erzählen an. Auch hier suchen Sie ca. 5 – 10 Bilder aus und legen sie in die Schachtel. Wer eine gerade Zahl würfelt, zieht eine Bildkarte, diese wird dann in der Runde herumgereicht, so dass sie jeder anschauen kann. Als Spielleitung regen Sie zum Erzählen an, indem Sie Fragen zum Bild stellen und eigene Gedanken, Erinnerungen zum Bild mitteilen.

Tastspiele

Insbesondere für hör- und sehgeschädigte Menschen sind Tastspiele sinnvoll. Hierzu legen Sie in einen Korb ca. 5 – 10 Gegenstände. Die Gegenstände können aus der Natur sein: Steine, Blätter, Blüten, Moos, Äste oder aus dem Haushalt. Es kann Essbares sein, unterschiedlich weiche oder harte Materialien, wie Metall, Holz, Schwamm, Wolle, Seide etc.

Wer eine gerade Zahl würfelt, greift einen Gegenstand aus dem Korb, betastet ihn von allen Seiten und gibt ihn in der Runde weiter. Es wird darüber gesprochen, wie sich der Gegenstand anfühlt, angenehm oder unangenehm, und was jeder mit dem Gegenstand verbindet.

Selbst Spielideen zu *6, 4, 2 – ich bin dabei* entwickeln

Mit der Zeit werden Ihnen eigene Spielideen einfallen. Dabei stellen Sie sich das Würfeln wie eine Kette vor, die die Perlen (Aktionen) miteinander verbindet. Während die Kette (das Würfeln) immer gleichbleibt und so für ein gelungenes Miteinander sorgt, können die Perlen (Aktionen) immer wieder neu und anders sein: von ganz einfach bis anspruchsvoll, je nach Leistungsvermögen der Gruppe. So ermöglicht Ihnen das Spielprinzip von *6, 4, 2 – ich bin dabei* ein festes wiederkehrendes Ritual, wie das Würfeln mit verschiedenen Aktionen zu verbinden.

Sie finden auch auf meinem *Vertellekes-Blog* unter http://blog.vertellekes.com immer wieder neue Spielideen zu *6, 4, 2 – ich bin dabei.*

Tandemspielprinzip

Nichts erfüllt mehr, als gebraucht zu werden!

Beim Tandemspielprinzip tun sich ein Stärkerer und ein Schwächerer beim Spielen zusammen. Der Schwächere übernimmt den einfacheren Teil eines Spielzuges, z. B. das Würfeln, der Stärkere übernimmt den komplexeren Teil, z. B. das Weitersetzen der Spielfigur.

Vorteile des Tandemspielprinzips

Für den schwächeren Spieler

- Er kann auch in Spiele einbezogen werden, mit denen er allein überfordert wäre.
- Er erlebt Zusammengehörigkeit mit dem Tandemspieler.
- Er erlebt sich in Kontakt/Interaktion mit den anderen Mitspielern.

Große Gelegenheiten, anderen zu helfen, ergeben sich selten, kleine dagegen tagtäglich.
Paul Gerhardt

Für den stärkeren Spieler

- Er erlebt ebenfalls Zusammengehörigkeit mit dem Tandemspieler.
- Er erlebt, dass er gebraucht wird, Bedeutung für andere hat: Ohne ihn könnte der Schwächere nicht in die Spielrunde einbezogen werden.
- Insbesondere für Menschen mit depressiver Symptomatik kann dies eine stimmungsaufhellende Erfahrung sein.
- Er erlebt, dass der Kontakt mit Schwächeren bereichernd sein kann, statt belastend, wie oft angenommen wird.
- Er wird nicht unterfordert, weil er den schwierigeren Teil des Spielzuges übernimmt, somit langweilt er sich auch nicht und muss sich nicht mit seinen Fähigkeiten aus Rücksicht auf den Schwächeren zurücknehmen.

Für die anderen Spieler

- Sie erleben, dass man einander helfen kann und bekommen evtl. auch Lust, anderen zu helfen.

- Das Klima in der Gruppe wird rücksichtsvoller, freundlicher und wärmer: davon profitieren alle.

Für das soziale Klima insgesamt

Das Tandemspielprinzip erschließt Hilfsressourcen unter den Bewohnern. In bestimmten Situationen ist es besser, wenn die Bewohner sich gegenseitig helfen. Dabei können sie ein grundlegendes menschliches Bedürfnis befriedigen: gebraucht zu werden, für andere Bedeutung zu haben. Sie sind nicht mehr einseitig auf die prekäre Rolle des Hilfeempfängers festgelegt. Dies hat entscheidende positive Effekte: mehr Interaktionen, mehr freundliches Miteinander, mehr Verständnis füreinander, mehr Zufriedenheit sowohl bei den Bewohnern als auch bei den Mitarbeitenden.

Beispiele für das Tandemspielprinzip

- EIN SPIELER IST BLIND: er kann würfeln, aber er kann das Würfelergebnis nicht sehen und er kann die Spielfigur nicht weitersetzen, dann nennt der Tandemspieler die Würfelzahl und setzt die Spielfigur weiter.
- EIN SPIELER HAT PARKINSON und einen so starken Tremor, dass er zwar würfeln, aber die Spielfigur nicht weitersetzen kann, dann setzt der Tandemspieler die Spielfigur weiter.
- EIN SPIELER IST DEMENZIELL ERKRANKT: Er kann würfeln und die Würfelzahl nennen, aber mit dem restlichen Spielzug ist er überfordert, dann übernimmt der Tandemspieler den zweiten Teil des Spielzuges.

Spiele, die sich für das Tandemspielprinzip eignen

- Grundsätzlich alle Würfelspiele , wie z. B. *6, 4, 2 – ich bin dabei* (Seite 52)
- Alle anderen Spiele, bei dem sich der Spielzug in einen einfachen und einen schwierigeren Part aufteilen lässt – z. B. *Domino, Rummycup:* einen Spielstein zufällig aufdecken (einfach), die Karte anlegen (schwieriger).

Wie motiviere ich zum Spielen?

Der Appetit kommt beim Spielen!
In meinen Seminaren höre ich immer wieder, die alten Menschen haben keine Lust zu spielen. Das ist auch verständlich, wenn wir an die vielen Spielbarrieren denken (siehe Spielbarrieren S. 25), doch das Kapitel zeigt auch, wie wir die Hindernisse überwinden können.

Hier sind einige Tipps zum Motivieren:

1. Ich selbst habe auch Lust zu dem Spiel, was ich mit den Senioren spielen will. Denn nur, wenn ich es auch selbst gern spiele, gelingt es mir, andere mitzureißen.
2. Ich schaffe eine gemütliche Atmosphäre mit Kaffee, Blumen auf dem Tisch etc., so dass die Spielsituation nicht künstlich und fremd, sondern alltagsnah als gemütliches Beisammensein erlebt wird.
3. Ich sage bei einem neuen Spiel: *„Ich würde Ihnen gern etwas zeigen, was mir Freude macht, vielleicht gefällt es Ihnen auch!"*
4. Ich stelle das Spielmaterial auf den Tisch: eine bunte Dose mit Spielkarten, Bildkarten, Tastbeutel etc. Mit dem Ansehen des Materials werden schon Interesse und Neugier geweckt.
5. Das Spielmaterial sollte bunt und hübsch anzusehen sein, denn: „das Auge spielt mit!"
6. Am einfachsten ist es, wenn ich mit einem Würfelspiel beginne (*„6, 4, 2 – ich bin dabei"*), denn würfeln, zumal mit einem Würfelglas, kann jeder und so kommt das Spiel ganz leicht in Gang.
7. Anschließend bedanke ich mich fürs Mitmachen und teile mit, dass es mir Freude gemacht hat, mit den Teilnehmenden zu spielen. Dadurch erlebt jeder, dass er wichtig für das Gelingen der Spielrunde ist.

Außerdem kann es hilfreich sein, wenn ich sage:

- *„Sie können auch nur zuschauen!"*
- *„Ich freue mich, wenn Sie uns einfach beim Spiel Gesellschaft leisten."*

- *„Ich brauche Sie bei der Spielrunde heute."*
- *„Ich freu mich, wenn Sie dabei sind, und wenn es Ihnen nicht gefällt, bring ich Sie wieder zurück."*
- *„Frau Faller freut sich auch schon auf Sie."*
- *„Ich habe Ihnen schon einen schönen Platz neben Herrn Schmied freigehalten."*
- *„Sie helfen Frau König immer so nett beim Würfeln. Wenn Sie dabei sind, fühlt sie sich direkt wohler."* (Tandemspielprinzip)
- *„Beim Rätseln halten wir unser Gehirn fit."* Das ist für orientierte Ältere oft ein wichtiges Argument.

Weniger hilfreich ist es, wenn ich frage oder sage:

- *„Haben Sie Lust mitzuspielen?"* Da die Antriebslosigkeit und Unlust für viele ja gerade eine große Hürde darstellt, treffe ich mit der Frage genau das Problem, helfe aber nicht, es zu überwinden.
- *„Es wird Ihnen bestimmt gefallen."* Das ist eine bloße Behauptung von meiner Seite, woher sollte ich das wissen?

Konstruktiver Umgang mit schwierigen Spielsituationen

Beim Spielen kann es immer wieder zu Schwierigkeiten im Miteinander kommen. Das bleibt bei Teilnehmenden mit unterschiedlichen Persönlichkeiten und Handicaps nicht aus. Es gibt fittere und weniger fitte Teilnehmende in den Spielrunden. Günstig ist, wenn wir diese Vielfalt als Chance für ein gelingendes Miteinander betrachten, denn unterschiedliche Fähigkeiten und Temperamente können sich wechselseitig ergänzen. Wenn wir Schwierigkeiten im Miteinander als normal akzeptieren, können wir gelassener mit ihnen umgehen.

Hilfreich ist es, sich die häufigsten Schwierigkeiten näher anzusehen.

Dominante Spieler

Besonders bei kommunikativen Spielen kann es passieren, dass ein Spieler sich wesentlich schneller, häufiger und länger zu Wort meldet als die anderen und dadurch das Spiel dominiert.

Wie gehe ich konstruktiv damit um?

- Zunächst akzeptiere ich, dass es Vielredner und Ruhige in der Gruppe gibt.
- Ich kann die Rolle des Vielredners auch positiv wahrnehmen: Er kann in einer ansonsten passiven Gruppe Leben bringen. Die Ruhigen hören manchmal lieber zu.
- Ich biete einen Kompromiss an: Abwechselnd hält sich der Vielredner zurück, beim nächsten Spielzug kann er sich wieder äußern. So muss der Vielredner nicht jedes Mal gebremst werden und die Ruhigen/Langsameren kommen auch zum Zuge. Das können wir mit einer Prise Humor ansprechen: „Frau Müller ist wieder auf der Überholspur, jetzt lassen wir erst einmal die anderen vor."
- Ich kann dem dominanten Spieler eine Aufgabe geben, indem er z. B. Tipps beim Raten gibt. So kann sich seine störende Dominanz in ein förderliches Verhalten wandeln.
- Ich kann in das Spiel Elemente wie singen und bewegen einbauen (mit dem Spielprinzip von *6, 4, 2 – ich bin dabei* Seite 25 ist das gut möglich), bei denen es nicht darum geht, wer als erstes eine Antwort weiß, so wird die Dominanz gemildert.
- Es kann auch sinnvoll sein, für diesen Spieler eine Gruppe mit ähnlichem Leistungsniveau zu finden, damit er sich nicht dauerhaft unterfordert und der Rest der Gruppe sich an den Rand gedrängt fühlt.

Störungen durch herausforderndes Verhalten

Spielsituationen, in denen eine Person mit Demenz laut ruft oder schreit, sind belastend für alle Beteiligten. Wichtig ist es, die mögliche Ursache für das Verhalten herauszufinden. Schreien und Rufen sind oft das einzige Ausdrucksmittel, das Menschen mit fortgeschrittener Demenz noch bleibt. Die Ursache können Schmerzen, unbefriedigte Bedürfnisse, Überforderung oder Ängste sein. Es kann aber auch das Bedürfnis sein, seine Stimme einzusetzen und zu erleben. In dem Fall leidet nicht die betroffene Person, sondern ausschließlich das Umfeld.

Schreien und Rufen bewirken Stress in jeder Gruppe, vor allem, wenn es häufig, anhaltend und laut ist. Die Konzentration auf das Spiel ist nicht mehr möglich. Manchmal beruhigt es den Betroffenen, wenn eine vertraute Person neben ihm sitzt, die Hand hält oder den Arm um die Schulter legt. Wenn auch das nicht hilft, ist es wichtig, eine Kollegin um Hilfe zu bitten, dass sie den Betroffenen aus der Spielrunde holt.

Bei Personalnot versuche ich erst gar nicht, sehr unruhige Personen ins Spielangebot einzubeziehen, weil ich weiß, dass niemand da ist, der sie ggf. wieder abholt. Das bedeutet, ich überlege im Vorfeld, bei welchen Teilnehmenden die Integration in die Spielrunde schwierig werden könnte und was ich dann machen kann. Da herausforderndes Verhalten oftmals tagesformabhängig ist, wäre es schade, Personen, die gelegentlich schreien und rufen, generell vom Spielangebot auszuschließen.

Häufige Spielunterbrechungen und Störungen von außen

Je nachdem, wo das Spiel stattfindet, in einem abgeschlossenen Raum oder im Tagesraum, wo es Kommen und Gehen gibt, kann es während des Spieles immer wieder zu Störungen und Unterbrechungen kommen. Da rattert der Wäsche- oder Getränkewagen über den Flur. Bewohner, die morgens erst später versorgt werden, werden während der Spielrunde in den Tagesraum gebracht. Da müssen Bewohner zum Friseur oder zur Fußpflege. Pflegekräfte, Angehörige unterhalten sich gut hörbar. Das alles spricht dafür, die Spielrunde in einen Raum zu verlegen, wo man die Tür schließen kann. Für Spielangebote, die etwa eine Stunde dauern, bietet sich das an. Für kürzere Spielangebote ist der Aufwand zu groß. Im Übrigen ist es schön, wenn auch die Räume, in denen sich die Bewohner tagsüber überwiegend aufhalten, durch das gemeinsame Spielen belebt werden.

Störungen von außen können aber auch verringert werden, wenn Wertschätzung bei allen Mitarbeitenden für das Spielangebot besteht und ein Bewusstsein dafür, dass hierfür eine ruhige Umgebung nötig ist.

Spannungen zwischen einzelnen Personen

Wenn in der Spielrunde Personen aufeinander stoßen, die einander nicht mögen, kann das die Atmosphäre in der Gruppe belasten. Statt sich auf das Spiel zu konzentrieren, ziehen unfreundliche Bemerkungen und Gesten zwischen einzelnen Personen plötzlich die ganze Aufmerksamkeit auf sich. Dabei bietet gerade das Medium Spiel die Chance, freundlich und wohlwollend miteinander umzugehen. Denn oftmals ist die Ursache für Streit Langeweile und die Tatsache, nicht ausgelastet zu sein.

FRAGE: Wie gelingt es uns, dass Spannungen in der Gruppe nicht die Atmosphäre in der Spielrunde belasten?

ANTWORTEN: Zunächst gilt es, gelassen damit umzugehen, dass nicht immer eitel Sonnenschein zwischen allen ist. Dass sich nicht alle mögen und einer sich mal über einen anderen ärgert, ist normal.

- Eine einfache Maßnahme liegt oft schon in der Sitzordnung. Wenn zwei, die sich nicht mögen, im räumlichen Abstand zueinander sitzen, stören sich die Betreffenden oft gar nicht mehr aneinander.
- Greift eine Person trotzdem eine andere immer wieder verbal an, muss nach einer Lösung für beide Seiten gesucht werden. Die nötige Konsequenz kann sein, dass beide an zwei verschiedenen Gruppen teilnehmen.
- Das Tandemspielprinzip (siehe S. 54) kann das soziale Klima in der Gruppe positiv beeinflussen. Wahrzunehmen, dass man einander helfen kann, hat Modellcharakter und erhöht die Bereitschaft, selbst rücksichtsvoll zu sein.
- Manchmal hilft auch einfach die Aufforderung, das Spiel fortzusetzen, z. B. „Jetzt würfelt der nächste weiter". Das lenkt von der angespannten Situation ab und alle können sich wieder aufs Spiel konzentrieren.

Trauer, Weinen eines Teilnehmenden während des Spieles

Gerade bei Spielen, die zum Erinnern und Erzählen anregen, kann es vorkommen, dass eine Person plötzlich anfängt zu weinen, weil im Gespräch eine schmerzhafte Erinnerung geweckt wurde. Oder jemand ist aus anderen Gründen traurig während des Spielens.

Wie fangen wir diese Situation am besten auf?

- Zunächst gilt: Auch in einer Spielrunde darf jemand traurig sein, alles gehört dazu: Freud und Leid. Deshalb ist es auch nichts Schlimmes, wenn jemand plötzlich anfängt zu weinen.
- Im Gegenteil Vertrauen, Offenheit und Nähe in der Gruppe können darüber sogar wachsen.
- Wenn jemand traurig ist, hilft es ihm am meisten Verständnis zu spüren, indem ich mitteile: „Das verstehe ich, das würde mich auch traurig machen."
- Ich kann in die Runde fragen: „Können andere den Kummer verstehen, haben Sie Ähnliches erlebt?" So kann derjenige ggf. auch Mitgefühl und Verständnis aus der Gruppe erfahren.
- Ich biete dem Betroffenen an: „Wir können gleich nach der Spielrunde noch mal in Ruhe darüber reden." Entweder hat der Betroffene nach der Spielrunde seinen Kummer vergessen, dann belasse ich es dabei, wenn nicht, nehme ich mir Zeit für ein Gespräch im Anschluss an die Spielrunde.

Spiele vereinfachen

Viele Spiele lassen sich so vereinfachen, dass sie auch für Ältere mit kognitiven Einbußen spielbar sind und jeder ein Erfolgserlebnis haben kann. Mit etwas Erfahrung gelingt es Ihnen, Spiele zu vereinfachen oder auch zu verkürzen. Hier finden Sie einige Beispiele für das Vereinfachen/Verkürzen bekannter und beliebter Spiele:

Mensch ärgere dich nicht

Statt mit vier Spielfiguren zu spielen, benutzt jeder nur eine Spielfigur. So wird das Spiel wesentlich übersichtlicher und es braucht nur eine Spielfigur ins Haus gebracht zu werden. Dadurch wird das Spiel auch kürzer.

Memory – Pärchen finden

Memory, das ja eigentlich ein Gedächtnisspiel ist, wird durch eine einfache Spielregeländerung auch für Menschen mit Gedächtnisproblemen spielbar, indem die umgedrehten Karten aufgedeckt bleiben. So braucht der Spieler nur zu sehen, welches Bild zwei Mal zu sehen ist, und nimmt dann das Pärchen zu sich.

Kartenspiele

Kartenspiele wie *Mau-Mau*, *Uno* oder *Rommé* lassen sich dadurch vereinfachen, dass jeder Mitspieler weniger Karten bekommt und diese offen vor sich hinlegt. So ist die Kartenauslage für den Spieler übersichtlicher, man kann einander Tipps zum Abwerfen der Karten geben und das Spiel wird auf diese Weise verkürzt.

Stadt-Land-Fluss

Wortsammelspiele wie *Stadt-Land-Fluss* sind sehr beliebt, weil es immer mehrere Antwortmöglichkeiten gibt und dadurch mehrere ein Erfolgserlebnis haben. Wenn nur ein Oberbegriff genannt wird ohne einen Anfangsbuchstaben vorzugeben, können auch schwächere Mitspieler Wörter finden. Oder umgekehrt: Es wird nur ein Buchstabe vorgegeben, mit denen Wörter gesucht werden.

Spiele praktisch aufbewahren

Vielfach ist es ein Problem, dass Spiele in Institutionen bunt verstreut an verschiedenen Orten aufbewahrt werden. Es kostet dann viel Zeit, das passende Spiel für das jeweilige Spielangebot zu finden. Außerdem sammelt sich über die Jahre viel Betreuungsmaterial an, das kaum oder gar nicht genutzt wird, aber Platz in Schränken und Regalen verbraucht. Hier hilft regelmäßiges Ausmisten. Nach dem Motto: Alles, was im letzten Jahr nicht genutzt wurde, wird vermutlich auch im kommenden Jahr nicht genutzt und deshalb aussortiert.

Es gibt viele Alternativen zum Wegwerfen:

- Verschenken an Bewohner/innen, Mitarbeiter/innen.
- Bei Sozialkaufhäusern oder Umsonstläden abgeben.
- Bücher in Bücherschränke stellen, die mittlerweile in vielen Städten aufgestellt sind.
- Jährlich einen hauseigenen Trödelmarkt veranstalten und mit den Einnahmen sinnvolles Betreuungsmaterial anschaffen.

Deshalb gilt es, sich überhaupt eine gute Übersicht über vorhandenes Material zu verschaffen. So schreiben Sie in einer übersichtlich geführten Bestandsliste Ihr gesamtes Betreuungsmaterial auf, dass Sie nach Kategorien und Unterkategorien sortieren und dafür sorgen, dass das Material immer an die gleiche Stelle zurückgestellt wird, so wie es auch Büchereien tun. Das verlangt Disziplin von allen Mitarbeitenden, aber die wird belohnt, indem jeder leicht und schnell passendes Material findet und dadurch Zeit und Nerven spart.

Beschriften Sie die Regalbretter zur besseren Übersicht mit folgenden Kategorien:

- Kommunikations- und Ratespiele,
- Brettspiele,
- Würfel- und Kartenspiele,
- Legespiele (Memory),
- Bewegungspiele (Bälle, Kegel).

Eine ebenso geordnete Bestandsliste Ihrer Spiele erhöht ebenfalls die Übersicht.

Wenn Sie so für eine gute Übersicht bei Ihren Spielen sorgen und alles, was Sie aussortiert haben, nicht mehr die Regale verstopft, wird das Ihre Arbeit im Betreuungsteam wesentlich erleichtern.

Die nächste Frage ist, in welchem Raum soll das Material aufbewahrt werden? Hierzu ist wichtig, dass das Material zum einen sicher aufbewahrt wird und zum anderen für alle im Betreuungsteam jederzeit zugänglich ist. Meistens wird das Betreuungsmaterial zentral im Büro des Sozialen Dienstes aufbewahrt. Das ist sinnvoller als verstreut auf den Wohnbereichen, wo die Gefahr zu groß ist, dass es mit der Zeit verloren geht, bzw. das Material in der Spielschachtel unvollständig und das Spiel damit unbrauchbar ist.

Im Interesse eines wirtschaftlichen Umganges mit Zeit und Material spricht vieles für eine zentrale Materialausleihe mit einer simplen aber effektiven Benutzungsregel:
Ausgeliehenes Material wird nach der Benutzung direkt wieder an Ort und Stelle zurückgelegt, damit es der nächste Benutzer auch wieder schnell findet.

Nur wenn sich alle konsequent an diese Regel halten, erreichen Sie das positive Ergebnis für alle im Betreuungsteam: Schnell zu finden, was jeder für seine Arbeit braucht. Manchmal braucht es etwas Zeit, bis allen diese Regel zur festen Gewohnheit geworden ist.

Absprachen, wer welches Spiel wann benötigt, verhindern das mehrere Mitarbeitende gleichzeitig ein bestimmtes Spiel einsetzen wollen. Hier kann im Wochenplan intern vermerkt werden, welches Spiel für welches Angebot benötigt wird.

Bei einer so geführten Spielausleihe erübrigt es sich, dass Mitarbeitende privat Spiele, Bücher etc. anschaffen. Eine Pflegekraft bringt schließlich auch nicht privat eingekauftes Inkomaterial zur Arbeit mit. Und bedenken Sie beim Umfang ihrer Spielausleihe: weniger ist mehr. Beschränken Sie sich auf das praktisch Sinnvolle, umso übersichtlicher wird Ihre Spielausleihe.

Aufgaben der Spielleitung

Die wichtigste Aufgabe als Spielleitung ist es, eine annehmende und freundliche Atmosphäre herzustellen, in der sich jeder gut aufgehoben fühlt. Diese Atmosphäre hat Vorrang vor allen anderen Dingen, die wir beachten sollten:

Zu Beginn der Spielrunde begrüßen wir alle: „Schön, dass wir wieder zusammen sind!", evtl. das Tagesdatum nennen, ein Begrüßungslied singen oder den Spruch des Tages vorlesen.

- Alle Teilnehmenden im Blick behalten und nach ihren Möglichkeiten ins Spiel einbeziehen.
- Passives Dabeisein, bloßes Zuschauen oder auch ein „Nickerchen" sollten wir akzeptieren.
- Bei Spielen am Tisch jedem ein Getränk anbieten. Wir können das Trinken ins Spiel einbeziehen, indem z. B. bei Würfelzahl 1 ein kräftiger Schluck getrunken und sich zugeprostet wird.
- Wir setzen uns so, dass uns alle Teilnehmenden der Spielrunde sehen können.
- Wir versuchen, dass sich Teilnehmende untereinander beim Spielen helfen, z. B. beim Würfeln – siehe Tandemspielprinzip Seite 54.
- Wir sprechen jeden mit seinem Namen an, wenn er an Zug ist: „Jetzt sind Sie dran Frau Schulte."
- Diejenigen, die nur noch ganz kleine Mitmachmäglichkeiten haben, wie z. B. das Würfeln, schenken wir durch liebevolle Gesten, wie die Berührung der Schulter, Zuwendung und Aufmerksamkeit.
- Bei kommunikativen Spielen regen wir zum Erzählen und Erinnern am besten an, indem wir auch von uns erzählen.
- Wir versuchen, ruhige Teilnehmende einzubeziehen, indem wir sie ansprechen, ohne sie unter Druck zu setzen: *„Möchten Sie auch etwas dazu sagen, Frau Müller?"* Manche sind aber auch stille Genießer, die lieber zuhören und manche können gar nicht mehr sprechen.

- Vielredner können wir schon mal freundlich bremsen, indem wir z. B. sagen: *„Schön, dass Sie so viel erzählen, aber andere haben dazu bestimmt auch etwas zu sagen!"*
- Besonders fitten Teilnehmenden können wir Aufgaben geben, sozusagen als unsere Assistenz, damit sie nicht unterfordert werden und die Schwächeren nicht um ihre Erfolgserlebnisse bringen. So könnten sie z. B. Rätsel stellen und Tipps zum Lösen geben.
- Wir schenken allen Antworten/Aktionen aus der Gruppe Wertschätzung, indem wir lobende und anerkennende Worte äußern. Es tut den älteren Menschen unglaublich gut, Anerkennung und Lob zu erfahren.
- Wir beenden die Spielrunde, indem wir uns bei den Teilnehmenden bedanken und eine Abschlusslied singen, dabei fassen sich alle an den Händen.

Spieltheorie – Was ist ein Spiel?

Wir sprechen so selbstverständlich vom Spielen, dass wir uns gar nicht fragen, was überhaupt ein Spiel ist. Ab wann kann man von einem Spiel sprechen? Welche Merkmale sind kennzeichnend für ein Spiel?

Der Kulturanthropologe *Johan Huizinga* definierte das Spiel anhand von sieben Merkmalen:

Spiel ist eine freiwillige Handlung (1), die innerhalb gewisser, festgesetzter Grenzen von Zeit und Raum (2) nach freiwillig angenommenen aber unbedingt bindenden Regeln (3) verrichtet wird, ihr Ziel in sich selber hat (4)und begleitet wird von einem Gefühl der Spannung (5) und Freude (6) und einem Bewusstsein des Andersseins als das gewöhnliche Leben (7).

Der Pädagoge *Hans Scheuerl* fügte noch folgende Merkmale hinzu: Innere Unendlichkeit (8), Scheinhaftigkeit (9) und Gegenwärtigkeit (10).

Im Folgenden erläutere ich die zehn Merkmale des Mediums Spiels, indem ich Bezüge zu den Spielen *Mensch ärgere dich nicht* und *Bingo* herstelle, diese sind bei älteren Menschen besonders bekannt und beliebt. Außerdem führe ich aus, inwiefern die jeweilige Eigenschaft eine Chance für das Spielen mit älteren Menschen darstellt.

Freiwilligkeit

Spielen ist immer eine freiwillige Handlung. Wird jemand zum Spielen gezwungen, handelt es sich nicht mehr um ein Spiel. Die Freiwilligkeit berührt die Frage der Motivation: Wie schaffe ich es, dass der ältere Mensch spielen möchte?

Mensch ärgere dich nicht/Bingo: Zu diesen Spielen lassen ältere Menschen oftmals leicht motivieren.

Chance für das Spielen mit älteren Menschen:

- Ältere Menschen erleben viele Pflegesituationen als Zwang. Spiel kann ihnen nie als Zwang begegnen, sondern ausschließlich als freundliche Einladung.

Begrenzt in Zeit und Raum

Spielen findet innerhalb der Grenzen von Zeit und Raum statt. Jedes Spiel beinhaltet eine in sich abgeschlossene Handlung. Sinnfällig wird es im Spruch „Neues Spiel – neues Glück". Spiel hat nur Bedeutung für den Moment. Es ist folgenlos für das sonstige Leben. Dies kommt auch im Trostspruch für den Verlierer zum Ausdruck: „Ist doch nur ein Spiel!"

Doch auch, wenn sich die äußere Realität durch das Spiel nicht verändert hat, ändert es doch die innere Realität.

Mensch ärgere dich nicht/Bingo: Jede Spielpartie verläuft wieder anders und hat, wenn sie vorbei ist, an der äußeren Realität nichts geändert, doch die Stimmung der Spieler hat sich durch das Spiel verändert.

Chance für das Spielen mit älteren Menschen:

- Ältere Menschen können im Spiel die befriedigende Erfahrung machen, immer wieder kleine Handlungseinheiten zu Ende zu bringen.

Regelhaftigkeit

Spielen ist immer mit einer Regel verbunden. Sie kann einfach oder komplex sein. Ohne Regel kann nicht vom Spiel gesprochen werden. Die Regel gibt Halt, weil sie ein Handlungsmuster vermittelt, das Verhaltenssicherheit gibt und für jeden gilt. Durch die Regel weiß jeder, was er zu tun hat.

Mensch ärgere dich nicht: Bei sechs rauskommen, andere rauswerfen können, jeder spielt mit seiner Farbe. Ziel: Seine Püppchen zuerst ins Haus bringen.

Bingo: Entweder habe ich die gezogene Zahl auf meiner Zahlentafel oder nicht. Fünf in einer Reihe bedeutet „Bingo".

Chance für das Spielen mit älteren Menschen:

- Ältere Menschen leiden oft unter innerem Strukturverlust. „Was soll ich tun, was soll ich tun?", fragen manche verzweifelt. Spielen gibt eine klare Antwort auf diese Frage. Somit hat das Spiel die heilsame Wirkung, den verloren gegangenen inneren Halt zu kompensieren.
- Hierfür muss die Spielregel jedoch maximal einfach sein.

Zweckfreiheit

Spielen dient keinem Zweck, steht jenseits des Daseinskampfes, deshalb kommt es vielen Menschen nutzlos vor. Zwecklosigkeit bedeutet jedoch nicht Sinnlosigkeit. So ist allein das Erleben von Freude, von gelingendem Miteinander im Spiel in hohem Maße sinnvoll. Das völlig Zwecklose kann gleichzeitig das absolut Sinnvolle sein.

Mensch ärgere dich nicht: Es kommt nichts dabei herum, aber während des Spieles erleben die Spieler Freude und Ärger, Gefühle, die im wirklichen Leben oftmals weniger intensiv vorkommen.
Bingo: Auch hier kommt nichts dabei herum (außer vielleicht ein kleiner Bingopreis), aber die Spieler erleben Überraschung, Freude und ein Miteinander.

Chance für das Spielen mit älteren Menschen:

- Gerade Menschen mit Demenz können, ähnlich wie Kinder, oftmals besser als Gesunde, Dinge tun, einzig und allein aus der Freude am Tun. Spielen erlaubt ihnen zweckfreies Tun.
- Auch wenn das Spiel zweckfrei ist, können ältere Menschen im Spiel nebenbei viele Fähigkeiten trainieren.

Spannung

Spiel enthält immer Elemente von Spannung und Überraschung. Der Ausgang ist stets offen, unvorhersehbar, sonst würde Spannungslosigkeit eintreten, was das Spiel zerstören würde. Freude und Enttäuschung wechseln sich ab, ein ambivalenter Zustand des Auf und Ab, der den eigentlichen Spielreiz ausmacht. Diese Spannung kann auch als Sinnbild für das Auf und Ab des Lebens gesehen werden. Die Spannung hält ein Spiel abwechslungsreich, so dass man es immer wieder spielen kann, weil es jedes Mal anders ausgeht.

Mensch ärgere dich nicht: Welche Zahl würfle ich? Kann ich jemanden rauswerfen? Werde ich rausgeworfen? Komme ich vor den anderen in mein Haus?
Bingo: Welche Zahl wird gezogen? Habe ich sie oder habe ich sie nicht? Kommt die Zahl die mir noch in der Reihe fehlt?

Chance für das Spielen mit älteren Menschen:

- Ältere Menschen leiden oftmals unter einem erlebnisarmen Alltag. Spielen schafft Auflebensmomente und Abwechslung.

Freude

Spiel enthält Momente der Freude und Heiterkeit. Spielen ist oftmals mit einer gelösten Stimmung verbunden. Man lacht miteinander über spontane, lustige Situationen im Spiel. Doch auch wenn beim Spielen nicht gelacht wird, kann es durch Erfolgs- oder Glückserlebnisse viele freudige Momente geben.

„Mensch ärgere dich nicht": Ich würfle eine sechs – ich kann einen rauswerfen – ich setze mein Püppchen ins Haus.
Bingo: Ich habe die gezogene Zahl – ich habe fünf Zahlen in einer Reihe – ich gewinne etwas.

Chance für das Spielen mit älteren Menschen:

- Die beste Medizin gegen große Sorgen sind kleine Freuden, heißt es. Gerade ältere Menschen sind auf kleine Freuden angewiesen, die wie Sonnenstrahlen ihren oftmals bewölkten Alltag aufhellen.

Anders als das gewöhnliche Leben

Spielen schenkt die Möglichkeit, in eine eigene Welt einzutauchen. Auf diese Weise stellt Spielen eine Auszeit von den Mühen und Sorgen des Alltags dar. Kommentare, wie: „Das war jetzt mal was anderes!" oder „Da komm ich auf andere Gedanken", zeugen von dieser Abstand schaffenden Wirkung des Spieles.

Mensch ärgere dich nicht/ Bingo: Weder das Handlungsmuster (Regel) noch das Material hat Bezug zur Alltagswirklichkeit. Spielfiguren, Würfel, Spielbrett bzw. Zahlentafel und Zahlenkugeln gibt es nur innerhalb des jeweiligen Spieles. So kann jeder beim Spielen die Alltagswirklichkeit hinter sich lassen.

Chance für das Spielen mit älteren Menschen:

- Ältere Menschen sind in ihrem Alltag vielfältigen Ängsten und Stress ausgesetzt. Spielen hat eine wohltuende, ablenkende Wirkung.

Innere Unendlichkeit

Spiel will nicht „erledigt" sein. Spielen bringt ein eigenes Zeitgefühl hervor, denn Spielen ist im besten Sinne des Wortes kurzweilig. Dies kommt zum Ausdruck, wenn Spieler anschließend erstaunt feststellen: „Was, so spät ist es schon?" Spiel strebt nach Wiederholung. Ein Beweis dafür ist, dass wir Spiele, die uns besonders gut gefallen, immer wieder spielen wollen.

Mensch ärgere dich nicht: Ein Spiel, das sich durch das ganze Leben ziehen kann, es wird immer wieder gespielt. Die Wiederholung macht es nicht langweilig. Nach einer Spielrunde ist man überrascht, wie schnell die Zeit vergangen ist.

Bingo: Die Spannung und die Gewinnerwartung lassen viele das Spiel immer wieder spielen. Beim Bingo vergeht die Zeit wie im Fluge.

Chance für das Spielen mit älteren Menschen:

- Die Wiederholbarkeit des Spieles hat für ältere Menschen besondere Bedeutung. Wiedererkennung und Ritualisierung reduzieren insbesondere bei Menschen mit Demenz Stress und Anspannung.

Scheinhaftigkeit

Spielen als das schöne „Als-ob". Im Spiel können Rollen und Erfahrungen imaginiert und gelebt werden, die in der Realität nicht möglich sind. Man kann im Spielen ungestraft ganz anders sein als im gewöhnlichen Leben: laut, leise, böse, ausgelassen, lustig, albern – damit kann Spielen ungemein befreiend sein. Passionierte *Monopoly*-Spieler kennen z. B. das wunderbare Gefühl richtig reich zu sein, während man in Wirklichkeit knapp bei Kasse ist.

Mensch ärgere dich nicht/ Bingo: Ich kann gewinnen oder verlieren ganz unabhängig von meinen Fähigkeiten, Behinderungen, Krankheiten. Jeder hat die gleiche Chance, als erster seine Spielfiguren im Haus zu haben oder „Bingo" zu rufen.

Chance für das Spielen mit älteren Menschen:

- Die vielen Begrenzungen, die ältere Menschen in ihrem Alltag erleben, können im Spiel aufgehoben werden, so können im Spiel Erfolgserlebnisse gemacht werden, die im Alltag weniger möglich sind.

Gegenwärtigkeit

Spiel als zeitloser Augenblick. Das Versunkensein im Spiel wird auch als „Flow" bezeichnet. Ein gutes Spiel ist eines, das mich ganz in seinen Bann zieht, indem ich das Drumherum, sowie das Vorher und Nachher, ausblenden kann. Ich bin ganz „da" und gleichzeitig in einem Zustand der Selbstvergessenheit.

Mensch ärgere dich nicht/ Bingo: Während des Spielens treten belastende Gedanken und Gefühle in den Hintergrund („Ich will nach Hause!", „Meine Tochter hat mich heute wieder nicht besucht!", „Ich mach mir Sorgen um meinen Mann"), weil die Spieler ganz auf das Spiel konzentriert sind. Nach dem Spiel haben sich die belastenden Gedanken und Gefühle oftmals abgeschwächt.

Chance für das Spielen mit älteren Menschen:

- Ältere Menschen können beim Spielen abgelenkt werden von Ängsten, Traurigkeit und innerer Unruhe.

Diese zehn von *Johan Huizinga* und *Hans Scheuerl* definierten Merkmale des Mediums Spiel lassen sich noch um eine zentrale Komponente ergänzen:

Spielen baut Brücken zwischen Menschen

Spielen verbindet, baut Brücken zwischen ganz verschiedenen Menschen. Denn Spielen ist vor allem eine Möglichkeit gemeinsamen Tuns und eine Chance gelingenden Miteinanders. Spielen funktioniert als Motor für ein soziales Miteinander, das es ansonsten nicht gäbe. Beim Spielen sind Menschen aufeinander bezogen, agieren verbal und/oder nonverbal miteinander.

Hirnforscher, Mediziner und Psychologen sind sich einig darin, dass der Mensch für sein psychisches Wohlergehen auf ein gelingendes Miteinander angewiesen ist. Der Mediziner und Psychotherapeut *Joachim Bauer* weist darauf hin, dass das Erleben von Eingebundensein und Zugehörigkeit in hohem Maße stabilisierend für das Selbst ist. Ein gelingendes Miteinander hilft, Stress abzubauen und ist eine wesentliche Quelle für Glückserfahrungen. Und Spielen ist ein alltagstaugliches Mittel für ein gelingendes Miteinander!

Mensch ärgere dich nicht: Die Spieler sitzen zusammen um den Spieltisch, jeder ist reihum dran. Auch wer nicht mehr reden kann, ist trotzdem einbezogen.

Bingo: Die Spieler sitzen zusammen. Auch wenn jeder seine eigene Bingotafel hat, ist doch das Gefühl da, mit den anderen etwas zusammen zu tun. Variante: Zwei haben zusammen eine Bingotafel – so entsteht mehr Interaktion zwischen den Spielern.

Chance für das Spielen mit älteren Menschen

Beim Spielen können auch Menschen einbezogen werden, die kaum noch reden können. Spielen kann Sprachverlust kompensieren, weil man beim Spielen auch nonverbal interagiert. Damit holt Spielen sprachlose ältere Menschen aus ihrer Isolation heraus.

Kriterien für ein gutes Seniorenspiel

16 Spielkriterien für ein gutes Spiel für ältere Menschen mit unterschiedlichen Handicaps		
1	einfache Regel	Die Regel ist so leicht, dass alle sofort ohne große Erklärungen mitspielen können.
2	keine Versagensangst	Keiner hat Angst sich zu blamieren, weil er etwas beim Spiel nicht kann, keiner muss allein eine bestimmte Spielaufgabe bewältigen, kooperative Spielweise, Verzicht auf Wettbewerb.
3	es bezieht alle ein	Auch Schwächere haben kleine Mitmachmöglichkeiten beim Spiel.
4	Erfolgserlebnisse	Beim Spielen gibt es für jeden hier und da kleine Erfolgserlebnisse.
5	Wiederspielreiz	Das Spiel lässt sich immer wieder spielen, ohne dass es langweilig wird.
6	es fördert Kontakte und Gespräche	Das Spiel bringt die Mitspieler miteinander in Kontakt und ins Gespräch.
7	abwechslungsreich vielseitig	Verschiedene Aufgaben, Themen werden miteinander kombiniert. Es ist für jeden etwas dabei.
8	es spricht mehrere Sinne an	Das Spiel spricht den Seh-, Tast- und Hörsinn an: es ist schön anzuschauen und anzufassen, es gibt etwas zu hören, z. B. das Klackern des Würfels.
9	es fördert die Beweglichkeit	Das Spiel enthält Elemente, die Bewegung fördern.
10	es fördert die kognitiven Fähigkeiten	Das Spiel gibt unterschiedliche Denkanstöße oder regt zum Rechnen an.
11	flexible Spieleranzahl	Das Spiel kann sowohl mit Kleingruppen als auch mit Großgruppen gespielt werden (von 2 – 20).
12	flexible Spielzeit	Das Spiel kann sowohl kurz als auch lang gespielt werden. (von 5 – 60 Minuten)
13	großes, griffiges Material – Funktionalität	Das Spielmaterial ist gut sicht- und greifbar.

16 Spielkriterien für ein gutes Spiel für ältere Menschen mit unterschiedlichen Handicaps		
14	attraktives, farbiges Design kein kindliches Design	Das Spielmaterial hat optisch einen hohen Aufforderungscharakter, es ist schön anzusehen - das Spielmaterial erinnert nicht an ein Kinderspiel – Es gibt allerdings Ausnahmen vom Gebot des Erwachsenendesigns: dann wenn sich ältere Menschen vom kindlichen Design trotzdem angesprochen fühlen.
15	es weckt Erinnerungen	Das Spiel weckt Erinnerungen entweder über das Spiel selbst, weil es aus der Biografie bekannt ist (wie z. B. *Mensch ärgere dich nicht*) oder weil es Aufgaben, Fragen enthält, die Erinnerungen wecken (wie z. B. *Vertellekes*).
16	es bietet Möglichkeiten gegenseitiger Hilfe	Das Spiel ermöglicht gegenseitige Hilfe: z. B. ein Spieler würfelt, der andere setzt die Spielfigur weiter.

Es gibt kein Spiel, das alle Kriterien erfüllt, aber mit Hilfe der Liste lässt sich jedes Spiel beurteilen, inwieweit es für die eigene Zielgruppe geeignet ist und welche Schwerpunkte es setzt.

Schlusswort

Das Buch hat dargestellt, auf welche Weise Spielen eine unerschöpfliche Quelle für ein gelingendes Miteinander sein kann. Ich hoffe, dass es dazu anregt, aus dieser Quelle immer wieder zu schöpfen. So erhält der Lebensabend des älteren Menschen durch das gemeinsame Spielen immer wieder kleine Glücksmomente, die auch uns, die wir den alten Menschen betreuen, froh machen.

Eine Quelle für Ideen, die Sie auch immer wieder anzapfen können, ist meine homepage und mein Blog.
www.vertellekes.com blog.vertellekes.com

Literatur

Bauer, Joachim: Prinzip Menschlichkeit, Verlag: Hoffmann und Campe, 2006

Huizinga, Johan: Homo Ludens – Vom Ursprung der Kultur im Spiel, Rowohlt Verlag 2004

Kitwood, Tom: Demenz – der person-zentrierte Ansatz im Umgang mit verwirrten Menschen; Verlag Hans Huber, Bern 2008

Scheuerl, Hans (1990): Das Spiel – Untersuchungen über sein Wesen, seine pädagogischen Möglichkeiten und Grenzen, Beltz Verlag, 1990

Autorin

Petra Fiedler, Diplom-Sozialarbeiterin, Altentherapeutin und Entwicklerin von Kommunikationsspielen für Senioren: Vertellekes, Waldspaziergang, Kugelwohl, Kugelbunt und Querbeet. Langjährige Tätigkeit im sozialen Dienst in der Altenpflege und Dozentin in der Fort- und Weiterbildung von Betreuungskräften mit den Schwerpunkten Biografiearbeit und Betreuungsangebote.